QUE SAIS-JE ?

Saint Augustin

FRANCIS FERRIER

Docteur en Sciences des

Docteur ès

DU MÊME AUTEUR

Clefs pour la théologie, Seghers-Lafont (épuisé).
Divers articles du *Dictionnaire des philosophes*, PUF, 1984.

ISBN 2 13 042472 4

Dépôt légal — 1re édition : 1989, mai

108, boulevard Saint-Germain, 75006 Paris

AVANT-PROPOS

Entre les ouvrages savants, d'une grande densité, et la vulgarisation, déjà bien servie, nous avons pris une voie intermédiaire : ne rien laisser dans l'ombre de ce qui pourrait intéresser un « honnête homme » peu familier avec saint Augustin. De grands noms, et nous citerons ici Henri-Irénée Marrou, se sont efforcés de mettre à la portée du grand public la vie et l'œuvre de l'évêque d'Hippone. D'autres, en un style plus ou moins romancé, ont visé un plus vaste public et, malheureusement par cela même, ont défiguré leur héros. Partant de ses écrits et des luttes doctrinales qu'il a soutenues, nous avons visé un public exigeant, confrontant les travaux passés à la recherche présente. Il sera ainsi possible, du moins nous l'espérons, de donner à l'homme contemporain, universitaire ou non, les moyens de pénétrer et, à tout le moins de connaître, une pensée qui a animé et fécondé vingt siècles d'histoire chrétienne et n'a pas fini de marquer les siècles à venir. L'idée d'un travail plus approfondi nous est venu à la suite des articles publiés dans le *Dictionnaire des philosophes* sur ce sujet.

Mais il faut avec honnêteté le reconnaître, on ne peut écrire sur saint Augustin sans recourir sans cesse aux études des devanciers : Courcelle, Marrou sont, dans ce domaine, de grands noms. On ne peut non plus ne pas y joindre le Pr André Mendouze dont la thèse monumentale, *Saint Augustin. L'aven-*

ture de la raison et de la grâce, publiée en 1968, est un instrument de travail incomparable. *La Vie de saint Augustin* de Peter Brown, alors professeur à Oxford (trad. Jeanne Marrou), Paris, 1967, nous a été un fil directeur pour la chronologie et en même temps, si nous discutons quelques conclusions, une mine de références par son érudition textuelle tout à fait remarquable. Les volumes de la Bibliothèque Augustinienne (BA), texte et traductions, notes et introductions, dues aux meilleurs spécialistes de la question, offrent un matériau de premier choix ; malheureusement, l'inachèvement — et il faut craindre qu'il ne soit durable — de ce travail capital en fait sentir cruellement l'absence pour une saisie complète de la pensée et de la théologie augustiniennes. Enfin, nous ne saurions omettre les trois volumes des *Actes du Congrès Augustinien de 1954* (XVe Centenaire de la naissance de saint Augustin) qui a apporté une contribution internationale de grande valeur aux études augustiniennes.

Outre une bibliographie essentielle, en fin d'ouvrage, nous renvoyons, à la place où elles ont été utilisées dans le texte, les références aux travaux qui nous ont le plus apporté : le P. Solignac pour les *Confessions* et pour la question pélagienne, le P. Congar pour la théologie du Donatisme.

Cependant, chaque fois que ce fût nécessaire, selon les indications reçues ou ce que nous imposait notre propre recherche, nous avons eu recours au texte même de saint Augustin dans l'édition du *CSEL*[1] quand ce fut possible et qui ne recouvre pas toute l'œuvre augustinienne, et à défaut dans l'édition latine des Mauristes, meilleure parfois que celle de Migne.

Nous voudrions enfin exprimer notre très cordiale reconnaissance au P. Solignac qui a suivi notre

1. *Corpus Scriptorum Ecclesiasticorum Latinorum* de Vienne.

travail et nous a efficacement conseillé, ainsi qu'au Centre des Fontaines qui nous a accueilli. Et aussi au P. Folliet des *Etudes Augustiniennes* qui a aimablement encouragé notre projet. Qu'ils reçoivent l'un et l'autre notre meilleur merci !...

PREMIÈRE PARTIE

SAINT AUGUSTIN : SA VIE ET SES COMBATS

Une œuvre considérable. — Dans Hippone (auj. Annaba) l'*Hippo Regius* des Romains, à l'ouest de Carthage, au bord de la Méditerranée Numide, un homme prestigieux se meurt, en cette fin d'août 428. L'évêque de cette ville, Aurelius Augustinus, rend doucement son âme à Dieu. Près de lui, dont la renommée est immense dans le monde latin, de toute l'Afrique, envahie par les Vandales, les fidèles catholiques, dépouillés et poursuivis par les hordes barbares, sont accourus. L'évêque mourant assiste à la ruine d'un monde qu'il a contribué à maintenir de sa parole et de sa plume, un monde romain christianisé par ses efforts incessants depuis bientôt quarante années. Les Barbares vont tout balayer en peu de mois. Reste cependant, survivant au désastre, un monument qui n'est pas de pierre mais de pensée, sur les rayons d'une bibliothèque miraculeusement sauvée. Les mois qui précédèrent sa mort, dans le répit que lui laisse la dictée d'une réponse à son dernier adversaire pélagien, Julien d'Eclane, Augustin a relu et revu tous les ouvrages composés au cours de sa vie. Les *Retractationes*, dont la traduction exacte est les *Révisions* sont un jugement et en même temps un complément de son œuvre. Il s'en explique : il veut « se juger lui-même, devant le seul Juge dont il désire éviter le jugement à la suite de ses fautes » (Prol. 2). Jeune, il accueillait les louanges ; devenu vieux et plus expérimenté, il a appris ses limites. D'où son désir de compléter son œuvre, partout où cela lui paraît possible[1].

Ainsi, Augustin meurt le 28 août 430. Son disciple Possidius, évêque de Calama, reste encore un an dans les ruines d'Hippone. Il établit alors un *Indiculus* des œuvres d'Augustin qui nous est parvenu. Curieusement, nous possédons aujourd'hui des œuvres que le disciple mentionnait absentes et d'autres, notées dans l'*Indiculus*, ne sont point parvenues jusqu'à nous. Les ouvrages que Possidius notait « absents » avaient déjà atteint l'Europe du vivant d'Augustin, car on était venu les copier, avec son accord dans sa bibliothèque. Il en allait ainsi dans l'Antiquité où la copie des œuvres était la seule façon d'éditer. Aussi l'*Indiculus* ne contient pas l'énumération des 93 ouvrages, répartis en 233 « livres » recensés par Augustin[2]. Cette dispersion de l'œuvre dans le monde chrétien occidental explique l'influence considérable d'Augustin dans la seconde Antiquité chrétienne, dans tout le haut Moyen Age et au-delà. Les plus grands noms de la Renaissance, Erasme entre autres, s'emploieront à l'éditer dès l'essor de l'imprimerie. Ainsi la vie et la pensée d'Augustin, dans ses hésitations comme dans ses certitudes, sont-ils parvenus

1. Une énumération exhaustive dressée chronologiquement des *Ecrits d'Augustin* se trouve dans le *Dictionnaire de théologie catholique*, t. II, col. 2311 à 2314. Les tableaux dressés par P. Brown, *La Vie de saint Augustin*, mettant en parallèle, année par année, événements généraux, vie d'Augustin et ses œuvres sont précieux, cf. p. 12, 84, 216, 336 et 450.

2. G. Bardy, *Introduction aux Révisions*, BA, t. 12, p. 21-22... « Parfois plusieurs ouvrages étaient copiés à la suite, dans un même *Codex* ou un même *volumen*. Le nombre des *codices* n'est pas nécessairement égal à celui des *libri*, sauf pour les ouvrages considérables où il y a autant de *codices* que de *libri* » (*ibid.*, 37, n. 3). Il ne s'agit pas ici d'évaluation quantitative mais de situer les éléments de l'œuvre.

jusqu'à nous et il n'est peut-être personne de l'Antiquité chrétienne qui nous soit mieux connu. Les œuvres d'Augustin ont fourni à l'Eglise « ce dont elle avait besoin pour les siècles à venir, créant une oasis de certitude dans un monde troublé »... lui donnant selon le mot de Possidius, « une progression régulière vers la norme de l'orthodoxie ».

L'homme qui meurt ainsi à soixante-seize ans, dans un détachement paisible et serein, tout occupé de Dieu malgré ce qui l'environne a, depuis sa conversion et son baptême en 387, consacré toute sa vie aux activités de l'esprit sous l'emprise de la grâce. Il avait alors trente-trois ans. Il s'écoulera par la suite environ quarante-trois ans d'une lutte incessante pour la défense de la vérité chrétienne, en controverses et en enseignement. Mais, au début d'une telle vie, les jeux n'étaient pas faits et la réussite spirituelle que nous admirons sur la fin est le résultat, avec l'aide de la grâce, d'une conquête permanente sur lui-même et sur son milieu.

I. — Jeunesse et formation

Aurelius Augustinus naît à Thagaste en 354 (auj. Souk-Ahras) sur les Hauts Plateaux, non loin de la frontière tunisienne, à environ trois cents kilomètres de la mer. Thagaste est un gros bourg rural où l'on cultive les oliviers. Augustin ne manquera pas d'huile pour sa lampe. Thagaste, romanisé depuis trois siècles, est un municipe où le père d'Augustin détient des fonctions ; sa mère, Monique, porte un nom à consonnance punique ; elle ne connaît pourtant que le latin qui sera vraiment la langue maternelle d'Augustin. Monique est fervente catholique ; elle transmettra à son fils sa foi ardente. Augustin sera introduit dans l'Eglise par les premiers rites du catéchuménat, le sel et l'imposition des mains ; au cours d'une grave maladie, en début d'adolescence, il demandera le baptême, mais on jugea bon — il allait mieux — de le différer. Patricius, son père, était païen, mais à ses derniers jours Monique, déclare Augustin (*Conf.*, IX, 9, 22), « réussit, à le gagner aussi à Toi » (Seigneur). Patricius mourut quand Augustin arrivait à Carthage pour y étudier. Il avait été ambitieux pour son fils dont il avait remarqué l'intelligence et s'était ingénié à lui procurer ressources et protections pour ses études. Augustin avait au moins un frère, Navigius, et une sœur qui sera la préposée du monastère féminin d'Hippone. Il n'en est pas question toutefois dans les *Confessions* qui abondent en récits de sa petite enfance et de son adolescence. Son milieu familial est uni, malgré cette situation de « foyer mixte » ; Patricius respecte la foi de son épouse et n'entrave pas la croyance qu'elle transmet à ses enfants. Monique s'est du reste fait une solide réputation dans la famille et dans tout son entourage pour savoir apaiser les querelles et les disputes.

Africain de race, Augustin sera romain de culture. Depuis que les généraux romains ont triomphé dans les guerres puniques, le pays est profondément imprégné de romanité. Augustin pensera et écrira en latin ; le peu qu'il connaît de grec ne lui permet pas de le parler ; évêque d'une ville où se trouvent quelques rares paysans ne connaissant que le punique, il en apprendra quelques mots, mais ce ne sera pas sa langue. Sa vraie patrie charnelle et spirituelle est Rome. Les contemporains ne se comportent pas autrement sauf, nous le verrons, dans le parti donatiste. Dans les *Confessions*, écrites dix ans après son baptême et quarante-quatre ans après sa naissance — ce rapport n'est pas indifférent —, Augustin analyse le comportement et les sentiments de sa petite enfance : désir immodéré du sein maternel, désir déréglé du nuisible, entêtements, colères, mouvements naturels du jeune enfant qu'il appelle « péchés ». Il faut y voir, non des actes du volontaire, mais l'expression du déséquilibre de la nature humaine par le péché originel que le converti, Augustin, a appris à connaître. Il serait prématuré d'y voir le pressentiment d'une psychologie des profondeurs. Le petit garçon qui courait, chassant les oiseaux avec ses cousins et ses camarades dans la campagne de Thagaste, n'était point certes parvenu au degré d'introspection qu'il connaîtra plus tard. Si les souvenirs d'enfance restent précis au point qu'il peut les reconstituer et que nous pouvons les imaginer, il parle moins en psychologue qu'en théologien qui fait hommage à son Dieu des grâces reçues. On le verra pour le fameux « vol des poires ». Pour le moment les yeux de l'enfant s'ouvrent sur un monde africain au sommet de sa splendeur matérielle et de sa richesse ; on ne soupçonne pas les catastrophes qui vont survenir. L'Africain romanisé en mesure de le faire cherche pour ses enfants une éducation qui leur permettra l'accès aux plus hautes charges de l'Etat, s'ils sont assez doués pour y prétendre. L'éducation littéraire raffinée est, dans ce but, primordiale.

Patricius rêve de cela pour son fils ; malgré sa relative pauvreté il a rang de notable dans son municipe et il peut avoir des ambitions. Après les rudiments appris à la petite école de Thagaste, Augustin ira étudier à Madaure (auj. Madaraouch) où il s'initiera à une culture plus raffinée que celle que donne le *grammaticus* de Thagaste où la férule, dont il se souviendra longtemps, était si dure aux enfants sensibles. A Madaure, Augustin n'est plus un enfant ; arrivé à onze ans, il la quittera quatre ans après (365-369). Son père, devant ses succès à Madaure, envisage de le faire étudier à Carthage : comme il lui faut réunir des fonds dans ce but, il demande à Augustin de revenir pour un an à Thagaste.

L'éducation antique insistait beaucoup sur la mémoire : elle était tout orientée vers l'éloquence, l'apprentissage des mots de leur sens exact et de leur utilisation. Pour cela il fallait se mettre à l'école des meilleurs auteurs, et pour un latin c'était Virgile. Tel bon élève connaissait par cœur l'*Enéide* et l'on faisait sur cette fable des exercices fort prisés. Augustin, un jour s'y distingua, mais dans les *Confessions* (I, 17, 27) il regrettera le contenu d'une éducation fondée sur des fictions et sur les actions de divinités que la morale honnête réprouve : « On me proposait de prononcer le discours de Junon irritée... discours que Junon n'avait jamais prononcé, je le savais. Mais on nous contraignait à suivre dans l'erreur les traces des fictions poétiques... » C'était une fiction certes, mais qui donnait à des êtres corrompus des attributs divins. L'évêque qui écrit les *Confessions* pense qu'il eût mieux valu faire monter les louanges vers le Dieu véritable qui, Lui, n'est point une fiction.

Au moment où il quitte Madaure, Augustin a quinze ans, un âge critique s'il en est. Il revient dans les *Confessions* (II, 2, 2) « sur les désordres de l'amour au temps de la puberté » : « Je ne me tenais pas dans la mesure d'un échange d'âme à âme, juste là où se trouve le sentier lumineux de l'amitié... des buées s'exhalaient du fond limoneux de la concupiscence charnelle et des bouillonnements de la puberté... et offusquaient mon cœur au point qu'il ne distinguait plus la clarté de l'affection du brouillard de la sensualité »... On pourrait prendre au pied de la lettre de tels aveux qui dénotent cependant un climat psychologique possible. Il ne faut cependant pas oublier que celui qui décrit ainsi sa jeunesse à quarante ans passés est un évêque qui prêche et qui a appris, par expérience pastorale, à sonder les âmes. Les années de Carthage permettront de mieux comprendre son comportement. Mais revenu à Thagaste et momentanément oisif, il va vivre le fameux épisode du « vol des poires ».

Cet épisode a fait la joie des critiques et des détracteurs, davantage peut-être que les frasques d'étudiants qu'on est habitué à louanger. Il faut ramener les faits à leur juste proportion. Là aussi il y a une part de fanfaronnade, comme il y avait plus haut, sur la puberté, une bonne part de grossissement. Témoin ce qu'écrit Augustin lui-même de ses rapports avec les camarades débauchés de Thagaste : « Je feignais d'avoir fait ce que je n'avais pas fait, pour n'être pas jugé d'autant plus méprisable que j'étais plus innocent et tenu pour d'autant plus vil *que j'étais plus chaste* » (*Conf.*, II, 3, 7-8). Une lecture attentive de ce livre II des *Confessions* surprendra par la finesse et la pénétration des analyses sur l'adolescence. Le « vol des poires » est au cœur de l' « année oisive » de Thagaste : avec une bande de camarades de son âge Augustin va piller la nuit le verger d'un proche voisin, près de la vigne de son père. Les poires, abondantes, n'étaient pas bonnes même pour les pourceaux auxquels ils allèrent les jeter. Incident banal dans une collectivité où vivent des bandes d'adolescents. Mais la leçon de ce fait divers est ici : « Nous en mangeâmes quelque peu ; tout le plaisir vint très exactement de ce qu'il était défendu. » Au long de sept pages de commentaire, Augustin va revenir sur cette idée : le pire, c'est d'enfreindre une loi morale *parce que c'est défendu* et de prendre là son plaisir. Il s'agit donc d'une parabole, ayant pour appui un fait réel que l'évêque, se souvenant de sa jeunesse, transmet à son lecteur, à la façon d'autres faits relatés dans les *Confessions*. On trouve dans la littérature ascétique ancienne d'autres faits analogues. De celui-là, on sait qu'il fût personnel et réel. Augustin s'en désole : « Oh ! mon larcin ! O mon crime nocturne de ma seizième année ! »

Carthage (370-374). — Les années de Carthage (auj. La Marsa, banlieue de Tunis) seront décisives pour la vie intellectuelle d'Augustin. Il y est d'abord étudiant et y sera ensuite professeur. Outre ce qu'il a pu économiser pour l'envoyer à Carthage, Patricius son père a obtenu la protection d'un riche compatriote Romanianus qui s'est engagé à aider Augustin jusqu'à la fin de ses études ; plus tard, Augustin retrouvera Romanianus en Italie où il viendra pour affaires et il aura en charge l'éducation de Licentius son fils. Deux ans après son arrivée à Carthage, Augustin dut perdre son père (*Conf.*, III, 4, 7) : « J'étais dans ma dix-neuvième année et mon père était mort depuis déjà deux ans. » Une simple mention mais il fait ailleurs l'éloge de son père : « Qui donc ne portait aux nues mon père, en louant un homme d'aller au-delà des possibilités de son patrimoine, afin de payer à son fils, même pour un lointain séjour d'études, toutes les dépenses nécessaires... beaucoup de ses concitoyens bien plus riches que lui ne se donnaient pas tant de mal pour leurs enfants » (*Conf.*, II, 3, 5). Mais il ne cache pas qu'on n'a pas pris autant de soin qu'il fût désirable de l'éducation de la chasteté. Patricius regrettait-il que, sous l'influence de Monique, son fils ne se soit pas marié, « pour éteindre le feu de ses passions » ? L'allusion des *Confessions* est claire.

L'étudiant. — Arrivant à Carthage, Augustin s'est en effet rendu compte du climat de sensualité débridée régnant dans la métropole africaine : « Je vins à Carthage et partout autour de moi bouillonnait la chaudière des honteuses amours » (*Conf.*, III, I, 1). Autour de lui ou en lui ? Une adolescence retardée était sans doute ce qui le tourmentait le plus et ce qu'il écrit sur l'amour l'indique assez : « J'aimais à aimer... aimer et être aimé c'était plus doux pour moi si je pouvais jouir aussi du corps de l'être aimé... J'en avais à me ruer dans l'amour où je désirais me prendre... » *(Conf., ibid.)*.

L'étudiant Augustin se garde bien des chambardeurs, ces « eversores » qui se livrent au chahut dans la ville et en salle de cours ; il avoue aimer le théâtre et en parle longuement ; les passions de l'amour y sont si bien dépeintes, pleines d'images et de misères propres à nourrir sa flamme. Ces aveux ne doivent pas faire imaginer un jeune homme à la sensualité débridée qui se convertira à trente ans passés, après avoir jeté sa gourme dans une vie de libertinage. Mettre l'accent sur cet aspect de la vie d'Augustin serait se tromper lourdement en privilégiant certains passages des *Confessions* sans tenir compte des autres. Au cours de l'année où Patricius meurt, voire peu auparavant, Augustin adopte le seul moyen pouvant stabiliser ses passions ; il engage un mariage de second ordre en prenant une concubine dont personne ne connaîtra le nom (l'Innomée) et qu'il gardera quinze ans. Il lui gardera fidélité, jusqu'à ce que Monique par ambition et pour que son fils fasse un autre mariage lui ouvrant les portes des hautes charges, la fasse renvoyer. La séparation fut cruelle ; on a pensé qu'elle se retira dans un monastère en Afrique ; ensevelie dans l'oubli, elle avait promis à Dieu de ne plus jamais connaître d'homme. Ces circonstances expliquent l'anonymat où elle paraît dans les *Confessions*. En quittant Augustin, elle lui laissait un fils déjà grand, Adéodat, dont l'intelligence, par sa profondeur, fera l'étonnement de son père et qui intervient dans le Dialogue du *De Magistro*.

II. — Marche vers la conversion

Toujours à Carthage où le jeune ménage d'Augustin entoure le petit Adéodat, source pour son père d'un réel équilibre, sur la fin des études va commencer une longue recherche de la Vérité, ponctuée par autant de « conversions ». Tout d'abord, ce sera la découverte de Cicéron dans l'*Hortensius* (auj. perdu) dans lequel il recherchait surtout des modèles d'éloquence comme le lui recommandaient ses maîtres qui admiraient « la langue et non le cœur de Cicéron ». Mais, surprise, ce livre contient par l'auteur lui-même, une exhortation à la philosophie. « Or ce livre changea mes sentiments, et m'orientant vers Toi, Seigneur il changea mes prières et rendit tout autres mes vœux et mes désirs... C'est l'immortalité de la sagesse que je convoitais dans un bouillonnement du cœur incroyable et j'avais commencé à me lever pour revenir vers Toi... *Car c'est auprès de Toi qu'est la Sagesse...* » (*Conf.*, III, 4, 7-8). Il ignorait alors le texte de l'apôtre Paul prévenant les disciples de Jésus de ne pas se laisser prendre au piège de la philosophie, car la Sagesse c'est avant tout le Christ (Epitre aux Colossiens, 2, 8-10). Faisant alors retour sur lui-même Augustin constate que ce désir de sagesse, encore ignorant qu'elle se trouve dans le Christ, en attribue l'origine dans l'éducation chrétienne de sa mère. Pourquoi donc ne pas recourir aux Ecritures, à la Bible? Ce premier contact fut décevant car « ces Ecritures » lui ont paru indignes de la dignité cicéronienne. Mon enflure refusait leur modestie, et la pointe de mon esprit n'en pénétrait pas l'intérieur » (*Conf.*, III, 5, 4). L'évêque juge ainsi à distance la gourme de sa jeunesse, à la lumière de ce qu'il a appris ensuite des Ecritures. Mais une autre voie plus captieuse s'offre à lui.

Le manichéisme. — Augustin cherchait la Vérité et surtout était préoccupé d'un grave problème que la philosophie ne résolvait pas : « Pourquoi faisons-nous le mal? » La réponse à cette question est au cœur du manichéisme du jeune Augustin. Seule la secte des manichéens pouvait lui répondre et c'est sans doute la raison pour laquelle, il restera neuf ans « auditeur » chez eux. La secte était très fermée : société secrète, ils furent même durement persécutés. Les textes qui nous restent, on les retrouve en Egypte, psaumes manichéens en copte et dans le lointain

Sikiang. Dans les réunions où étaient admis les auditeurs, on écoutait la grande épitre du Fondement de Mani, les assistants se trouvaient « illuminés » et apprenaient le sens de leur vie. Le monde étant partagé entre le Bien et le Mal, celui-ci ne pouvait provenir d'un Dieu bon. Les *Confessions* (III, 6-12) gardent surtout le souvenir des objections manichéennes à l'Ancien Testament et Augustin avoue son ignorance de la foi chrétienne qui l'empêchait alors de répondre. Toutefois à distance, il atteste que Dieu, présent en son cœur, orientait sa recherche : « Mais, Toi, tu étais plus intime que l'intime de moi-même et plus élevé que les cimes de moi-même. » Phrase émouvante qui aura un retentissement tout au long des siècles chrétiens. Elle définit avec justesse à la fois l'immanence et la transcendance de Dieu au cœur de l'homme. Les questions concernant l'image de Dieu telle que la Bible semblait la présenter et sur laquelle s'exerçait la verve manichéenne ne cessaient aussi de troubler Augustin qui mettra du temps à trouver les réponses et aussi à comprendre que le mal n'est pas un en-soi, mais *la privation du bien*, axiome que reprendra bien plus tard la philosophie d'un Thomas d'Aquin.

Il faut aussi chercher une autre raison à l'attirance exercée par le manichéisme. Augustin est dans sa vingtième année et au temps où les passions sont vives en lui malgré l'union qu'il a contractée avec une femme et bien qu'il lui soit fidèle, il ressent durement l'aiguillon de la chair. Or, les manichéens proposent à leurs adeptes un idéal qui consiste dans la domination de la chair : il faut se libérer de la chair qui appartient au monde des Ténèbres et enserre la lumière à laquelle appartient l'âme. Toujours ce dualisme, essentiel à la religion apportée par Mani.

Mani que nous connaissons mieux aujourd'hui serait issu d'une famille installée en Babylonie, peut-être à Séleucie le 14 avril 216 apr. J.-C. La légende dit que son père Fataq aurait entendu une voix lui disant : « Ne mange pas de viande, ne bois pas de vin, pas de rapports avec les femmes. » Ce sera la règle des parfaits manichéens. En ce temps les sectes se côtoyaient, les mandéens qui pratiquaient baptême et ablutions et les mugthttasila qui se soumettaient à la continence absolue. Il semble bien que Mani fut exclu de la première de ces sectes et s'affirma comme « apôtre de Jésus » après avoir pris conscience de sa mission dans une secte judéo-chrétienne, les elkasaïtes, comme l'attestent les écrivains du IIe siècle, Origène, Hippolyte et Epiphane. Mani prit dans ce milieu une intelligence toute neuve des Evangiles et de saint Paul. Sans doute est-ce à saint Jean qu'il emprunte ce terme de Paraclet, pour désigner le compagnon qui lui fut donné dans une vision. Désormais, le Paraclet l'accompagnera dans toutes ses missions et bientôt les générations qui se suivront auront tendance à voir dans Mani le Paraclet lui-même. Pour se distinguer des autres religions et sectes, Mani écrit : « Jamais il n'a été écrit ni révélé de livres comparables à ceux que j'ai écrits. » Sa religion est une religion du livre. Augustin les connaîtra : *De Duabus Animabus* réfute le dualisme ; il cite ailleurs l'*Epitre du fondement*. Il connut aussi leurs mythes pour en prendre le contrepied. Conséquence certaine des déceptions que lui donna la secte. La fin de Mani fut cruelle ; après une mission, jusqu'en Inde, il fut à son retour en butte à la persécution du clergé mazdéen qui le fit condamner à une mort atroce : enfermé dans un cachot durant dix jours, sans nourriture et sans soins, il mourut le 26 février 277.

Cette mort ignominieuse et douloureuse sera dénommée par l'Eglise manichéenne « Passion » et « Crucifixion ». Curieusement, car Mani n'a jamais admis que Jésus-Christ ait été crucifié, et il tenait sur ce point au docétisme. Le Jésus crucifié n'est pas celui de l'Histoire « car Jésus est crucifié jusqu'à la fin du monde » mais *dans le monde* ! Selon l'évêque manichéen Faustus, la nature entière n'est qu'une immense Croix où est attaché le *Jésus patibilis*, c'est-à-dire la Lumière prisonnière loin du Royaume originel. Ce combat de la lumière et des Ténèbres s'intériorise dans l'homme, microcosme où s'affrontent les deux racines adverses et leurs royaumes ; la Substance mauvaise agit par la chair, elle-même orientée par un esprit mauvais, à l'origine de la concupiscence qui inspire aussi toutes les guerres et tout ce qui est mal dans le monde. C'est l'emprise du Prince des Ténèbres qui absorbe la Lumière et en triomphe, tant sur les individus que sur la collectivité et toute la nature même inanimée. Ce qui fait la difficulté vis-à-vis du manichéisme est son mode de penser, absolument pas conceptuel et logique ; en s'exprimant par des mythes dont le sens se trouve décrypté par révélation intérieure ou collective et comme le disent Mani et ses adeptes, par illumination, non seulement les interlocuteurs ne sont pas sur le même plan de compréhension mais le subjectivisme des partisans de la secte est une haute barrière. La prétention à la « science » vite décelée par un esprit aussi pénétrant qu'Augustin ne saurait tenir ses promesses. C'est le passage à Carthage d'un évêque manichéen[3], Faustus, qui lèvera ses derniers scrupules. Il avait déjà senti le ridicule qui assimilait la sève des plantes au sang (*Conf.*, III, 10, 18) et d'autres croyances manichéennes fondées plus sur la subjectivité que sur l'expérience. Il avait fini par se choquer de ce que les « parfaits » se permettaient et qui, cependant, leur était défendu. Il avait déjà compris ce qu'il développera plus tard (387) dans le *Traité des deux âmes* : le dualisme manichéen était négation de la liberté et donc de la responsabilité humaine. Thèse incompatible avec la Foi. A la fin de l'expérience manichéenne,

3. Beaucoup plus tard ; cf. plus bas, p. 25.

Augustin exhale dans les *Confessions* son immense déception : « Près de neuf ans se sont écoulés. Moi, je les ai passés dans cette boue des bas-fonds, dans les ténèbres de l'erreur, et malgré de fréquents efforts pour me lever qui me laissaient plus lourdement brisé, je m'y suis roulé... » Pendant ce temps, Monique, « cette veuve, chaste, pieuse et sobre comme tu les aimes... ne cessait à toutes les heures de sa prière de se lamenter sur moi auprès de toi ! » (*Conf.*, III, 11, 20). Augustin était revenu un temps à Thagaste pour enseigner et son adhésion au manichéisme avait à ce point effrayé Monique qu'elle n'avait pas voulu l'héberger, du moins un temps, chez elle. Un songe, issu de ses préoccupations — on croyait aux songes en Afrique —, lui avait rendu espoir et aussi la parole d'un vieil évêque à qui elle avait parlé de ses prières et de ses larmes : « ... aussi vrai que tu vis, il ne peut se faire que le fils de tant de larmes périsse » (*ibid.*, III, 12, 21).

L'idée sous-jacente à ces deux livres III et IV des *Confessions* est, pour Augustin, que Dieu le guide à travers ces maîtres ou ces pseudo-maîtres intellectuels, qu'il lui donne en quelque sorte la main pour qu'il en éprouve les limites. Il fut peut-être difficile de se déprendre des manichéens qui jouissaient d'un certain prestige, nous dirions une mode, dans les milieux cultivés romains et carthaginois ; les manichéens aussi tenaient à lui, car il était un sujet prometteur qui du reste se servira d'eux. Mais l'intelligence d'Augustin était trop vive pour ne pas découvrir les failles de leur science et le statisme de leur morale : libérer en soi les parcelles de lumière n'induisait pas forcément un progrès dans la vertu, notion qui leur échappait totalement. En plus de la faiblesse de leurs connaissances en botanique, il remarquait combien, chez eux, la science des astres était limitée. C'est cela sans doute qui le poussa vers l'astrologie. Augustin fréquenta donc les astrologues qui attribuaient aux planètes, Vénus, Saturne ou Mars, les maux et les péchés des hommes. Il ne tarda point à découvrir leurs limites et avec l'aide d'un vieux médecin, disciple d'Hippocrate, qui était aussi passé par là, de se débarrasser de billevesées néfastes et inutiles. Ce ne fut point de suite, mais Augustin reconnaît que le médecin Vindicianus et son ami Nébridius semèrent des germes qui s'épanouirent plus tard. Sur le moment, il ne pouvait attribuer au hasard, des faits que, croyait-il, les livres d'astrologie expliquaient mieux.

Amitié ! Sœur Amitié !... Il faut ouvrir ici une parenthèse dans le combat d'idées qui est déjà la vie d'Augustin pour s'attarder sur un fait révélateur de la dimension humaine, profondément humaine, de l'homme : la mort d'un ami... « Au municipe où je suis né, je m'étais fait un ami, que la communauté de nos goûts me rendait très cher : nous étions du même âge et dans la même floraison des fleurs de l'adolescence. Avec moi, enfant il avait grandi ; ensemble nous étions allés à l'école, ensemble nous avions joué »... si cette amitié n'était pas enracinée dans la même foi, cependant... « elle était douce à l'extrême, cette amitié mûrie dans la ferveur de goûts identiques »... Augustin l'a entraîné avec lui « dans les fictions funestes de la superstition, qui faisaient pleurer ma mère sur moi »... Et voici que subitement le « *Dieu des vengeances et source des miséricordes* en même temps, Toi qui nous retournes vers Toi par des moyens admirables, voici que tu as enlevé cet homme de ma vie et c'est à peine s'il avait achevé une année d'amitié avec moi ; amitié d'une suavité pour moi qui dépassait toutes les suavités de ma vie d'alors ». Cet ami, en danger de mort, est baptisé alors qu'il est inconscient ; il revint à la santé et Augustin en profita, en le revoyant, en raison sans doute de ses positions manichéennes, pour railler le baptême reçu en de telles conditions. L'ami lui signifia de ne plus revenir s'il devait tenir un tel langage. Augustin pense qu'il reviendra à l'assaut quand son ami ira mieux. Mais il mourut avant qu'il ait pu revenir. L'analyse qui suit sur la mort et sur la douleur est d'une grande finesse psychologique : « J'étais devenu pour moi une immense question, et j'interrogeais mon âme : pourquoi était-elle si triste et pourquoi me troublait-elle si fort ?

Seules les larmes m'étaient douces et avaient pris la place de mon ami dans les délices de mon âme... Bien sûr je n'espérais pas qu'il revécût[4] et mes larmes ne demandaient pas cela ; simplement je souffrais et je pleurais et j'avais perdu ma joie... » (*Confessions*, IV, 4, 7-11). On trouvera des accents analogues lors de la mort de Monique, mais avec une différence de taille. Devant la mort de son ami, Augustin se montre désemparé car la foi lui manque, même s'il mentionne l'espérance. La veille de la mort de Monique, il y aura l'échange d'Ostie et le climat est totalement différent. Mais le fonds humain et les réactions de l'homme Augustin devant la douleur et la mort sont identiques. Sur l'amitié nous n'apprendront pas là autre chose que la force d'un lien qui, entre deux êtres, réalise l'adage cicéronien : « L'amitié fait que l'on ressent et que l'on veut les mêmes choses. » Au point parfois d'en être exclusif comme Augustin envers cet ami qui disparaît de sa vie : il l'a voulu manichéen comme lui ; son retour à la foi chrétienne ne semble pas autant l'affecter que sa mort. Plus tard à Cassiciacum nous découvrirons d'autres amitiés qui le suivront sa vie entière jusqu'en

4. Est-ce sur cette allusion ou sur l'ensemble d'un texte qui devait séduire les romantiques et « les âmes pieuses » qu'on a échafaudé une sorte de discours que son ami — on l'appelle Alypius alors qu'il n'a pas de nom ici — annonce à Augustin son propre bonheur dans l'au-delà. Il n'y a pas de doute ; un tel texte est apocryphe. Augustin qui a commenté l'évangile du pauvre Lazare (Lc 16, 29-31) n'aurait pu bâtir une telle mise en scène. Cf. *De Cura pro mortuis gerenda*, X, 12 à XI, 13, sur les apparitions en songe, texte qui aurait pu provoquer cette « fabrication ».

Afrique. Mais la mort de l'ami inconnu lui rend insipide le séjour de Thagaste ; au surplus l'ami était un collègue dans l'enseignement. Pourquoi ne pas chercher ailleurs ?

Carthage, second séjour : le professeur. — En 376, au moment où il arrive à Carthage ; Augustin a vingt-deux ans. La ville où il vécut étudiant est toujours la même, son prestige dans l'empire est immense et son port artificiel possède un front de mer magnifique. Ce qui attire Augustin, contrairement peut-être à ce qu'avaient visé son père et Romanianus son protecteur, qui voulaient faire de lui un avocat, étape obligée pour le haut fonctionnariat, Augustin vise le professorat et peut-être le plus difficile de tous, le professorat de rhétorique.

Augustin enseignait la rhétorique au centre même de la ville à des élèves appartenant pour la plupart à de riches familles et dont le cadet des soucis était le travail. Leur professeur apprenait ainsi durement les servitudes du métier car ses étudiants n'étaient pas plus disciplinés que ceux qu'il avait côtoyés en ses jeunes années. Mais, venant à Carthage, il espérait autre chose. Dominant la ville, la colline de Byrsa portait la résidence du proconsul : être distingué par l'un ou l'autre de ces hauts fonctionnaires qui faisaient une étape parfois brève à Carthage pourrait servir ses ambitions. Ainsi Symmaque, qui devait comme préfet de Rome tenir un rôle considérable dans sa carrière, fut, un temps proconsul d'Afrique. Mais nous retrouvons aussi le bon médecin Vindicianus qui l'avait détourné de l'astrologie et qui, comme proconsul, lui décerna un prix de poésie. Ce Vindicianus, fin vieillard et Nébridius, ami d'Augustin (*Conf.*, VII, 6-8) contribuèrent à l'arracher définitivement à l'astrologie. Les *Confessions* racontent tout au long l'étude de la conjonction astrale identique d'un enfant de famille noble et celle d'un fils d'esclave, nés le même jour et dont le sort fut bien différent. De tels faits démontraient mais aussi exerçaient l'esprit critique qui était aigu chez Augustin. Le jeune professeur a près de lui Alypius, de Thagaste, son ami d'enfance qui restera en quelque sorte l'*alter ego* d'Augustin toute sa vie. Nébridius est aussi avec lui, riche païen Carthaginois qui le suivra à Rome, puis à Milan. Au cours de l'année 380 Augustin écrira son premier ouvrage sur l'esthétique, *De Bono et Apto*, dédié à un rhéteur de Rome et qui est malheureusement perdu ; le dédicataire Hierius se voulait philosophe en même temps que rhéteur ; il appartenait au cercle de Symmaque à Rome.

Le temps est proche maintenant où Augustin va quitter Carthage et ses étudiants licencieux pour briguer des charges plus importantes en Italie. On lui faisait des promesses et il escomptait bien qu'elles se réaliseraient. Au moment de partir, en l'an 382, un obstacle imprévu survint : sa mère Monique se trouva à Carthage et Augustin dut lui mentir pour embarquer à son insu (*Conf.*, V, 86-15).

Rome et Milan : les ultimes préparations. — Quittant Carthage, Augustin déclare dans les *Confessions* que ce ne fut pas par ambition ni appétit de lucre. Il espérait trouver à Rome des étudiants plus dociles. Il apprendra à ses dépens qu'ils s'esquivaient au moment de payer leur maître. Mais il laissait surtout sur la terre d'Afrique une mère en désarroi, comme toutes les mères, « bien plus que beaucoup d'entre elles, elle ne savait pas quelles joies, Toi, tu tirerais pour elle de mon absence... cependant elle en vint de nouveau à prier pour moi... » (*Conf.*, V, 8, 16). On ne sait qu'admirer, chez une telle femme, son énergie persévérante à suivre son fils ou la ferveur d'une foi nourrie d'intercession dans laquelle Augustin avouera toujours avoir puisé le meilleur de la sienne ? Pour l'instant Augustin, même s'en détachant, compte dans l'Eglise manichéenne. Avant de quitter Carthage on lui fit enfin rencontrer, au bout de neuf années, l'évêque Faustus dont on lui promettait merveilles. La déception fut grande ; c'étaient les mêmes ritournelles : « Les choses ne me semblaient ni meilleures parce que mieux dites, ni vraies parce que bien tournées, et l'âme non plus n'était pas sage parce que le visage était avenant et la parole élégante » (*Conf.*, V, 6, 10). Augustin reconnaît vite que la culture de cet homme est rudimentaire ; il est déçu de l'impossibilité où il se trouve de rendre raison par la science, mathématique ou astronomie, des élucubrations de Mani sur les astres et les conséquences qu'il en tire. Pourtant il lui rend hommage : « Cet homme avait un *cœur* qui *sans être droit* envers Toi, ne manquait pas trop pourtant d'être sur ses gardes envers lui-même. Il n'était pas totalement ignorant de son ignorance... » *(Conf., ibid.)*. Ne faut-il pas lire en filigrane ce que pourra être plus tard le comportement de l'évêque Augustin envers les déviants, hérétiques ou autres ? Il ne rompt pas après son entrevue avec Faustus qui ne l'a pas cependant ébranlé. C'est chez un autre « auditeur » de la secte qu'il prendra pension dès son arrivée à Rome et commencera par y être gravement malade. Cette maladie dut être grave car, dans les *Confessions*, Augustin pense qu'elle pouvait le mener au tombeau, cette fois sans baptême. Augustin guérit et il attribua sa guérison aux prières de sa mère. Les *Confessions* regroupent là des réflexions sur le problème du mal et il n'est pas impossible qu'elles l'aient assailli durant sa maladie, mais il faut aussi tenir compte de l'influence des philosophes académiciens et aussi platoniciens qui vont bientôt agir sur lui. A Rome, il essaie de convaincre son hôte de l'inanité des croyances manichéennes sur le mal et sur la corporéité de Dieu ; il n'est pas repoussé pour autant et fréquente même les « élus » de la secte. Pensait-on si l'on arrivait à le convaincre en faire l' « ornement » du groupe ? Mais Augustin ne devait pas s'éterniser à Rome.

On sait les difficultés qu'il avait avec ses étudiants. Cette situation ne pouvait durer. Augustin se souvint peut-être qu'il avait approché Symmaque en Afrique. Le préfet de Rome cherchait pour Milan, à la demande de la Cour, un professeur de rhétorique. Dans ses obligations il y avait la charge annuelle d'un éloge de l'empereur, et pour cela, le poste était délicat à pourvoir. Symmaque était païen et avait demandé vainement le rétablissement au Sénat de la statue du dieu de la Victoire ; les chrétiens se divisaient déjà en catholiques et ariens. Il fallait un candidat neutre et Augustin qui ne s'affichait ni comme chrétien, ni malgré ses amitiés dans ce camp, comme manichéen, emporta la décision. A l'automne 384, il arriva à Milan dans un poste officiel qui le mettait dans l'orbite de la Cour, au cœur d'une société brillante que fréquentaient poètes et philosophes, surtout platoniciens. Avec le recul du temps Augustin s'écrie dans les *Confessions* : « Je vins à Milan et je fus jeté aux pieds d'Ambroise son évêque ! » En fait, leurs rapports furent épisodiques : une première visite de courtoisie — Ambroise n'était-il pas le cousin de Symmaque ? — et d'autres essais d'entretiens, plus ou moins avortés. Augustin se tenait à l'entrée de la salle où Ambroise était assailli de solliciteurs et n'osait l'aborder, même quand il le trouvait seul, lisant silencieusement dans une galerie — tous pouvaient pénétrer dans sa résidence —, Augustin ne voulait pas interrompre sa méditation. Il profita bien davantage de ses Homélies. L'assiduité d'Augustin aux homélies d'Ambroise fut d'abord celle d'un auditeur pour un orateur prestigieux à la culture profonde puisque, Ambroise lisant le grec, pouvait interpréter les philosophes et rapprocher l'évangéliste Jean du philosophe Plotin. Mais il y eut bien autre chose, lorsqu'il comprit qu'Ambroise pouvait rendre raison, en les traitant de manière spirituelle ou allégorique, des passages de l'Ancien Testament que brocardaient les manichéens et que lui, Augustin n'était pas capable de défendre.

Il y eut en ce moment un passage difficile en son esprit ; il connaissait le doute des philosophes académiciens qui niaient la possibilité d'atteindre la connaissance. Cicéron lui avait appris que le sage doit suspendre son jugement. Il avait donc tort de s'être engagé aussi témérairement dans une secte qui lui annonçait un savoir qu'elle lui avait promis neuf ans sans jamais le lui donner ; et pour cause, elle ne le possédait pas et sa prétendue science n'était qu'un leurre. Dans les sermons d'Ambroise il entendit affirmer que « la notion de Dieu excluait absolument celle de corps, comme aussi la nature de l'âme qui est de tous les êtres celle qui se rapproche le plus de Dieu » (*De Beata Vita*, I, 4). Ces affirmations étaient d'une grande nouveauté, même pour les platoniciens des milieux qu'Augustin fréquentait. Cette nouveauté allait cependant ébranler ses convictions. Il décida de rompre avec la secte des manichéens « ne croyant pas devoir, en pleine crise de doute, me maintenir dans une secte au-dessus de laquelle je plaçais déjà un certain nombre de philosophes... mais parce qu'ils ignoraient le nom du Christ je refusais absolument de leur confier le traitement des langueurs de mon âme. Je résolus donc d'être catéchumène dans l'église catholique » (*Conf.*, V, 14, 25).

Le livre VII des *Confessions* est plein des échos de cette lutte intérieure car l'entrée en catéchuménat est une demande d'être instruit des données de la foi et non la résolution des problèmes que cela pose. Celui du mal le préoccupera plus que d'autres et il s'en ouvrira à ses amis, Alypius, Nébridius, pour le problème du mal ; Vindicianus, « le fin vieillard », pour la croyance aux horoscopes. On s'est demandé si, à la période de Milan, Augustin était vraiment détaché du manichéisme, intérieurement du moins. Il est clair que sa recherche d'une *cause du mal* qui soit positive l'empêche de voir sa vraie nature ; le mal n'a pas de cause qui soit extrinsèque à la volonté mauvaise. Dans les discussions qu'il institue avec lui-même au long des *Confessions*, Augustin approche de la solution qui apparaîtra plus claire dans le *De Libertate* (III, 17, 47), mais surtout dans le *De Civitate Dei* (XII, 7), écrit vers 417, peu après la prise de Rome par Alaric (410) qui troubla tant les consciences chrétiennes. Depuis de longues années, il a intensément réfléchi sur la nature du mal ; il termine une longue discussion en concluant : « Que personne ne cherche donc la cause efficiente de la volonté mauvaise, car cette cause n'est pas efficiente, mais déficiente... Déchoir en effet, de l'être souverain vers ce qui a moins d'être, c'est commencer à avoir une volonté mauvaise... C'est comme si on voulait voir les ténèbres et entendre le silence, choses pourtant que nous ne connaissons, celle-là que par les yeux, celle-ci par les oreilles, non pas comme une essence, mais comme une privation d'essence. » A la même époque, dans un *Commentaire inachevé de la Genèse*, il reprendra la même comparaison : « En vérité, celui qui examine attentivement ce que sont les ténèbres, ne trouve pas autre chose qu' "absence de lumière" » (*Lib.*, IV, 12). En fait, le problème ne cessera de traverser la vie d'Augustin lui-même et il le retrouvera dans les interrogations des fidèles. Si le raisonnement philosophique peut satisfaire l'intelligence, il ne saurait combler le cœur.

Aussi doit-on revenir en arrière sur des faits et des comportements qui ont orienté Augustin, progressivement vers la prise de conscience d'une réalité bien supérieure, celle de la Grâce qui, finalement, fera basculer sa volonté tout entière vers Dieu. Toutefois, il ne faut pas oublier que celui qui écrit les *Confessions*, plus de vingt ans après, est déjà l'évêque de la Grâce !

Les récits et les réflexions qui occupent les livres VI et VII des *Confessions* concernent certes des problèmes philosophiques, mais la toile de fond est dans le problème personnel d'Augustin. A peine débarquée à Milan en 385, Monique prend en main l'avenir de son fils. Elle le veut catholique et commence à lui dire que sa manière de vivre en ménage avec une concubine lui fermera le chemin de la vérité. Puis dévoilant ses batteries, elle lui fait comprendre que pour obtenir sa place à la Cour de Milan et dans le cercle de ses collègues universitaires, il lui faut faire un mariage riche, dans une famille honorée. La malheureuse concubine fut la première vicitime de ces projets. Peut-on dire qu'Augustin ne pouvait rien refuser à sa mère, omniprésente dans sa vie ? ou que sa décision, sans être réellement mûrie correspondait à une recherche intérieure ? La femme qui lui avait été fidèle quinze ans, qui l'avait suivi dans la bonne et la mauvaise fortune, le quitta, « faisant à Dieu le vœu de ne plus connaître d'homme et lui laissant le fils », un fils au nom significatif *Adéodat*, c'est-à-dire *donné par Dieu*, et dont Augustin reconnaît (*Conf.*, IX, 6, 14) qu'en lui il n'y avait rien à moi, hormis le péché ! » ce qui est pour moins étrange quand on sait ce qu'Augustin écrira plus tard sur le bien du mariage *(De Bono conjugali)*. Faut-il dans cette phrase des *Confessions* sentir une allusion manichéenne ou simplement le renvoi à la bonté de Dieu pour la présence de cet enfant ? On peut conjecturer qu'au départ de sa mère pour l'Afrique, Adéodat avait environ quinze ans. Interlocuteur de son père dans le *De Magistro*, il mourra à Thagaste en même (389) temps que Nébridius, ami d'Augustin. Dans les *Confessions*, le père exhale une douleur qu'un éloge de ce fils exceptionnel et la reconnaissance à Dieu apaisent : « Je connais de lui par expérience bien d'autres choses plus étonnantes. J'étais saisi d'horreur sacrée devant son génie ! » Devant de telles expressions de sensibilité, on peut s'étonner de l'apparente froideur d'Augustin face à la séparation de la femme qu'il avait aimée. Il avoue lui-même que, le mariage projeté tardant à venir, il prit quelque temps, une autre femme pour suppléer aux tourments de la chair, car je pensais que je serais trop malheureux si j'étais privé des étreintes d'une femme... Je n'avais pas fait l'expérience (de Ta miséricorde) et je croyais que la continence relevait de nos propres forces[5]. Augustin n'a donc pas encore découvert le pouvoir de la grâce.

Grâce et concupiscence. — Tout le débat intérieur qui précéde la conversion est situé entre ces deux pôles ; il dure depuis l'adolescence et durera jusqu'à la fin de sa vie, différemment. Dans son affrontement aux Pélagiens, il occupera encore la pensée d'Augustin[6]. Les manichéens interdisaient le mariage aux « parfaits » : aussi Augustin, vivant en ménage depuis l'âge de dix-sept ans, était-il resté « auditeur », trouvant ainsi un accommodement entre sa recherche et sa vie. L'Antiquité, en Afrique surtout, concevait de façon très différente le rapport de l'homme et de la femme. Augustin met en scène sa mère Monique, face aux épouses maltraitées par leurs maris : « Du jour où elles avaient entendu lire ces tablettes qu'on appelle "tablettes de mariage", elles auraient dû voir là un document qui faisait d'elles des servantes. »[7] Augustin lui-même, quand Monique l'eût rejoint à Milan et qu'il constata le climat créé par les deux femmes, sa mère et sa concubine, dans sa maison, dut avoir cette boutade que reflète son *Commentaire*

5. *Conf.*, VI, 11, 20.
6. Surtout dans la polémique avec Julien d'Eclane.
7. *Conf.*, IX, 9, 10.

sur la Genèse (IX, 5) : « Si c'est de bonne compagnie et de bonne conversation qu'Adam avait besoin, pourquoi ne pas mettre deux hommes ensemble, plutôt qu'un homme et une femme ? » Les amis paraissent mieux s'entendre. Mais ce sont les femmes qui ont fait avorter le premier projet de retraite philosophique d'Augustin. La découverte des néo-platoniciens (les « philosophes ») lui avait appris le mépris du corps et détaché des phantasmes manichéens. Mais en avançant dans l'étude de la foi chrétienne, il mesurait la difficulté d'un détachement et d'une ascèse qu'il appréhendait de consentir pour la vie. Il sent qu'une volonté nouvelle vient de surgir en lui, mais il se rend compte des exigences du service de Dieu. » Ainsi deux volontés, celle-là charnelle, celle-ci spirituelle, étaient aux prises ; et leur rivalité disloquait mon âme. De cette façon, je comprenais par mon expérience intime ce que j'avais lu, comment la chair convoite contre l'esprit et l'esprit contre la chair... Cependant, l'habitude était devenue plus obstinée contre moi ; et cela venait de moi puisque j'en étais arrivé, le voulant, là où je n'aurais pas voulu » (*Conf.*, VIII, 5, 10-11). Augustin analyse avec beaucoup de finesse le mouvement de la volonté en face du Bien qui lui est proposé et pour lequel il hésite ; on comprend, à le lire, qu'il n'y a pas d'autre alternative pour lui que la conversion jointe à la continence où l'abandon d'une recherche qui le torture. Il l'exprime de façon émouvante dans ce *Discours de la continence* : « La chaste dignité de la Continence, sereine et d'une gaieté sans abandon... tendant vers moi pour m'embrasser des mains pieuses, peuplées de bons exemples. ... Toi, tu ne pourras ce que peuvent ces hommes, ces femmes ? Mais penses-tu que ces hommes, ces femmes le puissent en eux-mêmes et non dans le Seigneur leur Dieu » (*Conf.*, VIII, II, 27).

Nous ne sommes pas loin de la Décision ultime

qui va faire basculer la vie d'Augustin. Il ne faut pas toutefois partir de ces pages pour marquer que, chez Augustin, l'estime de la continence aurait occulté celle du mariage. Augustin explique, en réfléchissant rétrospectivement sur cette lutte intérieure, que ce qui était visé, dans l'exercice de la vie chrétienne, était ce qu'il vivait à Hippone, après l'avoir expérimenté à Thagaste comme *servus Dei* : une vie de communauté monastique dans le monde. Lorsque les questions se poseront de la vie conjugale chrétienne il présentera ses idées dans le *De Bono Conjugali*, le Bien du mariage (401), et surtout le *De Nuptiis et Concupiscentia* : *Les noces et la concupiscence* où il affirme : « La concupiscence est un mal accidentel qui ne sépare pas de Dieu, mais qu'il faut guérir » (sanandum).

Contre ceux qui l'accusent de manichéisme, au fort de la polémique pélagienne, ce texte indique combien, par la Grâce, il a connu l'apaisement des passions. Il a fallu pour cela, après la conversion, l'espace d'une vie et une conversion qui emprunta d'abord les chemins de la philosophie.

Influence du platonisme. — Ce que nous appelons le néo-platonisme, inspiré par la lecture de Plotin (205-vers 270) qu'Augustin dut lire dans les traductions de Victorinus converti au catholicisme à la fin de sa vie de façon retentissante, était en faveur, en ce temps-là, à Milan. Catholiques et non-chrétiens se divisaient toutefois au sujet de cette philosophie. Ambroise lui-même en était imprégné, même s'il est difficile, aujourd'hui encore de déterminer les sources de sa pensée. D'Origène ou de Plotin on est sûr que dans le sermon *De Isaac et Anima* il est tributaire : les deux mystiques se rencontrent, celle de Plotin perdant de sa spécificité car on ne retrouve chez Ambroise aucune trace de ce qui fait l'essence de la pensée plotinienne, le dépassement de l'intelligible pour atteindre l'Un dans l'extase. Les platoniciens — on les appelait ainsi — revendiquaient l'autonomie de la personne humaine pour atteindre Dieu sans aide extérieure et, de plus, jugeaient incompréhensibles les mystères chrétiens de la Trinité de l'Incarnation et de la Rédemption. Pourtant, au IIe siècle, le philosophe-martyr Justin avait été séduit par le platonisme. Si donc Augustin pouvait entendre chez Ambroise, un écho du climat philosophique ambiant, il est certain que l'enseignement de l'évêque le conduisait sur un chemin où celle-ci était dépassée. Il portera cependant toute sa vie une grande attention aux platoniciens païens. Mais il refusa toujours pour lui-même et pour ses chrétiens cette autonomie spirituelle qui pourrait faire verser la personne dans un mysticisme mal assuré. Pour lui, de tempérament inquiet et passionné, il fallait un guide. Ambroise lui ayant appris que l'Ecriture était une autorité source de Sagesse, tout naturellement il entreprit alors la lecture de saint Paul.

Convenons qu'entre l'Apôtre et lui il y avait de très grandes affinités de tempérament.

Mais il fallait à Augustin un guide avec qui dialoguer et auquel il puisse s'ouvrir sans détours de ses difficultés. Il avait du mal à aborder Ambroise, toujours accaparé par ses tâches. Il s'adressa donc à un familier d'Ambroise, le prêtre Simplicianus, « père de la naissance à la grâce de l'évêque d'alors » (*Conf.*, VIII, 2, 3) qui avait longuement fréquenté Victorinus et l'avait converti. Simplicianus lui redit ce qu'Ambroise avait souvent développé, l'idée « que tout ce que les philosophes ont écrit de bon, ils l'ont pris dans la Bible qui l'avait dit avant eux et qu'avec le Christ leurs questions ont cédé la place aux certitudes ». Simplicianus devait avec tact pousser Augustin à accomplir ce qu'il souhaitait intérieurement, sans oser passer à l'acte. Il est sûr que le récit de la conversion de Victorinus, philosophe platonicien, proclamée publiquement dans l'assemblée de l'Ecclesia, dut impressionner fortement le professeur de Milan qui nous en a laissé le témoignage dans les *Confessions* (VIII, 2, 3 à 4, 9). On sent, à la lecture de ce texte surtout sur la fin, combien Augustin se projette lui-même dans l'exemple qui lui est ainsi offert. L'heure va donc venir, et elle n'est pas tellement loin de la décision.

III. — **Illumination et décision**

L'obstacle qui se dressait sur le chemin d'Augustin pour son retour à Dieu n'était pas d'ordre purement intellectuel ; depuis les manichéens il cherchait la Vérité et, il le dit lui-même, Cicéron lui avait appris à dépasser leur dualisme ; il se rendait compte aussi, à la lecture des platoniciens, qu'il existait d'autres maîtres. Peut-être, outre les recommandations de Simplicianus, qu'il rangeait Paul au nombre de ces maîtres dont son enfance chrétienne avait entendu parler. Mais une vie est un tout, fait d'apports divers. Dans le milieu milanais cultivé la conversion au christianisme doit être totale, aussi rigoureuse que l'appel à la vie monastique. Augustin se voyait abandonner sa carrière, son projet de mariage et toute forme de vie sexuelle. Il avait un exemple près de lui : son ami Verecundus ne voulait pas recevoir le baptême chrétien, tout simplement parce qu'il était marié et pourtant sa femme était chrétienne. Pour ces gens épris d'absolu, aucune compromission n'était possible entre la vie mondaine et l'imitation du Christ. Un autre exemple va être déterminant cette fois : le petit groupe qui vit à Milan autour d'Augustin reçoit la visite d'un ami africain, Ponticianus, qui vient de Trèves. Cet ami appartient à une classe de fonctionnaires, les *agentes in rebus*, sortes d'émissaires discrets du pouvoir, à même donc de connaître beaucoup d'événements plus ou moins ignorés du public. Ponticianus aperçoit sur la table du jardin où se trouvait Augustin avec Alypius, un livre contenant les épîtres de saint Paul, il l'en complimente et dans la foulée se met à lui raconter la conversion de deux jeunes collègues lors d'une promenade autour des remparts de Trèves. Ces jeunes gens avaient découvert la vie d'Antoine, anachorète en Egypte, qui avait tout quitté pour suivre le Christ et avait suscité autour de lui une floraison de disciples. Lecteurs de cette *Vie d'Antoine*, ces hommes n'avaient pas voulu rentrer au Palais, mais avaient élu domicile dans une cabane le long des remparts. Même leurs fiancées n'avaient pas pu les détourner de leur décision : elles étaient entrées dans une communauté de vierges chrétiennes. Par la même occasion, Ponticianus révèle à Augustin qu'à Milan il existe à son insu, hors les remparts de la ville, une communauté de saints frères, entretenue par Ambroise (*Conf.*, VIII, 6, 13-15). Cette visite plonge Augustin dans un abîme de réflexions : « Il[8] se retira chez lui et moi en moi... toutes les raisons, avaient été usées et réfutées ; mon âme se cabrait, elle se récusait sans parvenir à s'excuser... elle redoutait comme la mort d'être réduite à s'écarter du courant de l'habitude qui l'épuisait à mort » (*ibid.*, 7, 18). Le dénouement est proche.

Sous le figuier, dans le jardin. — Pour être allégorique, rappelant l'épisode évangélique de Nathanaël (Jn 1, 49), la démarche d'Augustin n'en est pas moins réelle. Quels que soient les modèles ou les précédents littéraires, personne ne doute de la réalité de faits qui ont donné une tout autre orientation à la vie d'Augustin. S'il a, sous-jacent un schéma de pensée, il faut de préférence y voir l'influence de saint Paul, comme l'atteste le récit lui-même. En revenant aux

8. Ponticianus.

faits, on constate le trouble où Ponticianus a plongé son auditeur. Il fait retour sur sa vie pour déplorer ses péchés et sa résistance à un appel que d'autres entendent dans l'instant. Une abondante crise de larmes le fait se mettre à l'écart et se réfugier sous un figuier du jardin. Il se livre là à une profonde réflexion sur le mystère du vouloir humain : « Et je frémissais parce que je n'allais pas vers ton bon plaisir... non seulement y aller, mais y parvenir, ce n'était pas autre chose que *vouloir y aller* j'entends le vouloir fortement, entièrement, et non pas tourner de-ci de-là une volonté blessée... » (*Conf.*, VIII, II-20). Cette réflexion sur la volonté est longue ; sans doute veut-elle montrer l'impuissance humaine face à la grâce. Les « vieilles amies, bagatelles des bagatelles, vanité des vanités » interviennent aussi, dans lesquelles il ne faut pas voir seulement les passions charnelles, malgré le discours sur la continence qui suit, mais toute forme mondaine qui sépare l'âme du don complet à Dieu. A bout de forces et pleurant abondamment, Augustin s'abat sous le figuier, se demanda : « Combien de temps ? Demain, toujours demain. Pourquoi pas tout de suite ? » Une voix se fait alors entendre de la maison voisine, comme une voix d'enfant qui chantait et répétait : « Prends lis ! Prends lis !... » Il se demande s'il a déjà entendu ce genre de chant, mais ne doutant pas de l'interpréter comme un message d'en haut, il saisit le livre de saint Paul sur la table du jardin, l'ouvre : « Pas de ripailles et de saouleries... revêtez-vous du Seigneur Jésus ! »

Il revient alors vers Alypius gardant une marque à l'endroit du livre qu'il vient de lire. C'est Alypius qui, pour l'apaiser, lui montre la suite du texte : « Mais celui qui est faible dans la foi accueillez-le... » Il s'agit du texte de l'épître aux Romains, chap. 13, 13, dont le verset 14 se termine par l'objurgation : « Et ne vous souciez pas de la chair pour en satisfaire les convoitises ! » Les derniers mots de cette pensée de l'Apôtre furent en effet « comme une lumière de sécurité déversée dans son cœur ». Alypius qui, pour Augustin, était un exemple de chasteté, s'appliqua à lui-même ce que demandait le texte de saint Paul et « adopta une résolution de vertu tout à fait conforme à ses mœurs par lesquelles dans la voie du bien il me devançait déjà depuis longtemps » (*Conf.*, VIII, 12, 29-30). Les deux amis quittent de suite le jardin pour aller prévenir Monique qui remercie Dieu avec eux. Quant à Augustin, « debout sur la règle de la foi », il prend les décisions qui vont engager toute sa vie.

Il faut s'arrêter un instant pour essayer de comprendre ce qui vient de se passer. Le fait est historiquement vrai, même si Augustin a usé d'une forme littéraire, que d'autres du reste — Grégoire de Nazianze par exemple, qu'il n'a pas connus — imiteront. La conversion, puisque c'est de cela qu'il s'agit, est précédée d'une succession de circonstances qui indiquent bien qu'elle ne fut pas instantanée, même si tout s'est joué en une après-midi, dans un lieu donné, une certaine semaine d'août 386. L'attention doit se porter aussi sur la longue analyse du mouvement de la volonté qui doit arriver à une *décision*. Ce terme est faible dans la langue française, mais le philosophe personnaliste Romano Guardini[9] utilisait, dans un sens plus fort, le mot allemand *Entscheidung* qui exprimait la *décision existentielle*, c'est-à-dire un acte humain qui modifie un rapport d'existence. La conclusion de l'épisode entier qui souligne les modifications « existentielles » de la vie d'Augustin oriente l'interprétation dans ce sens. En effet, il répète à deux reprises l'expression : « Indignans...

9. Guardini, dans *Le Seigneur*, trad. Lorson, t. I, p. 111, utilise un terme courant de la langue allemande, dans un sens fort que la traduction française affadit. Ce terme appartient dans ce sens à la philosophie existentielle et Heidegger l'emploiera ainsi, de même que Bultmann. Différents les uns des autres, ils sont cependant contemporains.

quod non irem *in placitum et pactum tuum Deus meus* (m'indignant de ne pas venir à la décision et à l'accord avec Toi, ô mon Dieu) » et plus tard « ibam in placitum... (j'allais déjà me décider) »[10]. Il ne faut pas oublier, les faits l'indiquent assez, que la décision ne pouvait se prendre que sur l'intervention de Dieu, éclairant pour Augustin la signification d'un texte qui ne lui avait pas encore parlé d'une façon aussi prenante et aussi appropriée aux questions qu'il se posait. Sur ce point, l'introduction au récit de sa conversion est éclairante : « Que mes os ruissellent de Ton amour et qu'ils disent : "Seigneur qui est semblable à Toi ? Tu as rompu mes liens... Comment Tu les as rompus, je vais le raconter" »...[11]

Cassiciacum, retraite philosophique. — Dès ce mois d'août 386, Augustin pense au baptême et aussi à une retraite. Il attend, pour démissionner de son poste de rhéteur, le début des vacances des vendanges, en septembre, pour ne pas avoir à avancer de raisons précises. Les derniers jours d'enseignement lui sont pénibles ; la perspective d'un temps pour philosopher l'aide à supporter l'attente. Un ami, Verecundus, celui-là même qui hésitait devant le baptême, lui offre une villa à Cassiciacum difficile à situer aujourd'hui. Entre Cassago di Brianza (33 km de Milan) ou Casciago (99 km de Varèse) la critique moderne et l'archéologie préfèrent le premier site[12]. Verecundus devait mourir peu après le départ d'Augustin pour Rome ; il avait reçu le baptême et, en reconnaissance de ses libéralités, Augustin lui souhaite une place dans le Paradis.

10. *Conf.*, VIII, 11, 25.

11. *Conf.*, VIII, 1, 1. Pour ces textes, cf. Courcelle sur *L'aspect littéraire des Confessions*, et A. Mandouze, *Saint Augustin. L'aventure de la raison et de la grâce*, p. 116-117.

12. Cf. F. Cayré, Où était Cassiciacum ?, in *Vie August.*, 1955, II, 3, p. 84-87.

Ce fut en effet une sorte de petit paradis intellectuel et foisonnant d'amitié qu'Augustin trouva dans cette campagne. Le *De Beata Vita* nous a laissé les noms des participants.

« Il y avait là, d'abord ma mère, à qui revient le mérite de tout ce que je suis, mon frère Navigius, mes concitoyens et élèves Trygetius et Licentius, mes cousins Lastidianus et Rusticus ; bien qu'ils n'aient pas fréquenté une école de grammaire je n'ai pas voulu qu'ils fussent absents... Il y avait encore mon fils Adéodat ; c'était le plus jeune de tous, mais son intelligence, si je ne m'abuse, promettait de grandes choses. » Licentius était le fils de son protecteur Romanianus à qui il dédiera son dialogue *Contra Academicos*, alors que le *De Beata Vita* est dédié à Manlius Theodorus, personnage important de Milan. Plus tard, dans les *Révisions*, Augustin regrettera cette dédicace et signalera les imperfections de ce dialogue ; commencé le jour anniversaire d'Augustin le 13 novembre, en 356, il fut achevé en trois jours. Le *Contra Academicos* et le *De Ordine* sont de la même époque. Alypius et Navigius étaient aussi présents mais, semble-t-il de manière intermittente, étant chargés de la liaison avec Milan. A Cassiciacum, Augustin se guérissait de ce « mal de poitrine » dont il parle aussitôt sa conversion et qui servit de prétexte à la démission de sa chaire à Milan. Il est heureux aussi de se trouver en face d'un auditoire de jeunes à former, auditoire certes disparate, mais qui n'est dénué ni de bonne volonté ni d'enjouement. S'ils interviennent dans les dialogues il faut penser que la direction et la mise au point de ces travaux sont du maître. Les plus doués sont, sans conteste, Licentius et son fils Adéodat. Augustin poursuit cependant la lecture des néo-platoniciens ; il en sort le *De Immortalitate Animae* qui est une mise au point des insuffisances de ces philosophes pour le converti Augustin. Enfin, à cette période appartient un ouvrage assez singulier, les *Soliloques*, résultat des méditations matinales, des larmes et des prières d'Augustin. Le dialogue s'ouvre en effet par une longue prière brûlante envers Dieu qu'il a transcrite comme le lui avait conseillé une voix intérieure. Les accents de cette prière sont d'une réelle beauté et préfigurent déjà les « stances » des *Confessions*.

Le dialogue tout entier a une allure cicéronienne avec ici ou là des aphorismes empruntés à des textes de Cicéron. La Raison pose des questions et Augustin donne les réponses. On y trouve aussi des réminiscences platoniciennes. Ainsi : « La raison qui te parle te promet de manifester Dieu à ton intelligence, comme le soleil se manifeste à tes yeux. L'intelligence a aussi ses yeux : ce sont les sens de l'âme » (*Sol*., I, 6, 12). Quant au « regard de la raison » il aboutit à la vision de Dieu qui en est la fin : non que le regard cesse d'exister mais il n'a plus d'objet vers où se porter... la raison est parvenue à sa fin... la vie heureuse... « Quand après cette vie l'âme sera tout entière réunie à Dieu, la Charité seule demeurera pour l'y fixer. » Ce texte fait plutôt penser à saint Paul, Ire aux Corinthiens, chap. 13, v. 13. La mention de la beauté de Dieu, est, elle, spécifiquement platonicienne : « La charité ne perdra rien, mais elle devra sensiblement s'accroître. En effet, lorsque *l'âme verra cette Beauté* unique et véritable elle l'aimera bien davantage et si un amour ne fixe sur elle sa vue... elle ne pourrait demeurer dans cette vision bienheureuse » (*Sol*., I, 7, 14). L'on est alors conduit au souhait qui s'exprime au livre second et qui est resté justement célèbre. Augustin s'adressant à Dieu lui demande : « Noverim Me, noverim Te (O Dieu, qui êtes toujours le même, que je me connaisse que je vous connaisse) » (*Sol*., II, 1, 1). Quelques lignes plus loin apparaît une ébauche du Cogito cartésien : « Cogitare te scis ? — Scio-Ergo verum est te cogitare

(Sais-tu si tu penses ? Je le sais. — Il est donc vrai que tu penses)[13]. »

Le séjour à Cassiciacum approchait de sa fin : il dura de l'automne 386 au printemps de 387. Augustin qui s'était inscrit au catéchuménat devait participer dès le début du Carême aux réunions et aux célébrations qui le précédaient. Augustin, Adéodat et Alypius s'étaient inscrits au nombre de ceux qui demandaient le baptême et le déroulement du catéchuménat se faisait de façon rigoureuse, Ambroise se réservant lui-même certaines instructions. Augustin et les siens descendirent dans la cuve baptismale au cours de la nuit du 24 au 25 avril 387, le jour de Pâques étant celui de la « renaissance » spirituelle des baptisés dans le Christ. Augustin s'en rappellera toujours avec émotion, mais se souvenant de sa propre expérience, il recommandera à l'un de ses prêtres de ne pas traiter un catéchumène « instruit dans les lettres » comme s'il ignorait les textes chrétiens qu'il avait déjà longuement étudiés (*Catéchèse aux ignorants*, 8, 1, 2).

A Cassiciacum, Augustin a donné quatre dialogues[14], dont le dernier, *Les Soliloques*, est une sorte d'auto-portrait qui anticipe sur les *Confessions*. Il y avoue que ni l'argent ni les honneurs ne lui ont posé de problèmes ; mais fort d'une expérience peut-être mal assumée, il déclare : « Il n'est rien que je ne sois résolu à éviter que les relations avec une femme »... il reviendra plus tard, d'autres œuvres le montrent, de cette attitude négative. Au moment

13. D'autres textes d'Augustin ont été rapprochés aussi du Cogito cartésien : *De Beata Vita*, II, 2, 7 ; *De Libero Arbitrio*, II, 3, 7, qu'Antoine Arnauld a cité. Cf. Adams Tannery, IX, 154. Cf. note du P. Thonard dans Bibliographie Augustinienne, t. 6, p. 517, où les différences entre le Cogito augustinien et le Cogito cartésien sont nettement marquées. Descartes, interrogé par le P. Mersenne, avait dit nettement ne rien avoir lu de saint Augustin sur ce sujet.

14. On reviendra dans la deuxième partie sur l'aspect philosophique des Dialogues de Cassiciacum.

du séjour à Milan, il pense encore à une sorte de magistère philosophique ; il écrit alors le *De Musica*, qui n'est point un traité sur la musique, mais un essai sur la métrique. Ce genre était en faveur sur la fin de l'Antiquité. Des cinq « livres » d'Augustin, on fera un abrégé pour usage classique.

Les amis de Cassiciacum sont en devoir de quitter le continent. Ils décident de façon unanime de se retirer en Afrique et tout naturellement à Thagaste où Augustin va garder avec lui ceux qu'intéressent non plus la philosophie, mais le service de Dieu. La dernière scène des *Confessions* va se jouer.

IV. — **L'expérience mystique d'Ostie**

On appelle communément *Vision* l'expérience qu'Augustin et sa mère vécurent sur le rivage d'Ostie[15]. Il est assez symptomatique que cette scène, à jamais célèbre, soit introduite au cœur d'un développement, celui du livre IX des *Confessions* où Augustin raconte la vie de sa mère, sa charité et ses vertus. Elle était présente au cœur de sa vie et en relatant leurs derniers jours sur la terre d'Italie, il était normal qu'il relata leur expérience extraordinaire. Il est aussi, dans la vie d'Augustin, d'autres mentions d'expériences mystiques à Milan, en particulier que la critique par parallélismes textuels rapprochent de celle d'Ostie[16]. A Ostie, les circonstances sont fortuites. Le petit groupe des amis d'Augustin arrive à Ostie, venant de Milan après un voyage épuisant, en vue d'embarquer pour l'Afrique. Un contretemps les arrête : Maxime, usurpant l'empire, s'est dressé contre l'empereur légitime Théodose ; le port est bloqué et l'on ne sait combien de jours il faudra attendre. Les Africains — Augustin est déjà connu

15. *Conf.*, IX, 10, 23 à 11, 25.
16. Pour Milan, *Conf.*, VII, 10, 16. Cf. A. Mandouze, *op. cit.*, p. 666-714.

et les amis ne manquent pas — se voient offrir une maison par un parent de la gens Anicia, puissante famille romaine. L'installation provisoire n'empêche pas la réflexion dans un cadre paisible, d'où une certaine nostalgie n'est pas absente.

Un soir, Augustin et sa mère sont accoudés à une fenêtre de l'étage qui domine le patio intérieur de la maison. Le dialogue entre la mère et le fils, même dans le silence ou l'absence, a toujours été profond. Pressentiment ou convergence des mêmes préoccupations les mettent sur le sujet de l'au-delà : « *Oubliant le passé et tendus vers l'avenir*, nous nous demandions entre nous, en présence de la Vérité que Tu es Toi, ce que pourrait être cette vie éternelle des saints, que "l'œil n'a vue, ni l'oreille entendue, ni le cœur de l'homme senti monter en lui". Mais nous tenions grande ouverte la bouche de notre cœur vers les eaux qui ruissellent d'en haut, de ta source, de la source de vie qui est près de Toi... Alors, nous élevant d'un cœur plus ardent *vers l'être même* (ardentiore affectu *in idipsum*), nous avons traversé par degrés tous les êtres corporels... et nous sommes arrivés à nos âmes ; nous les avons dépassées pour atteindre la région inépuisable où tu repais à jamais Israël dans le pâturage de la vérité. C'est là que *la vie est la Sagesse* par qui sont faites toutes les choses présentes, celles qui furent et celles qui seront... Et pendant que nous parlons et aspirons à elle, voici que nous la touchons à peine, d'une poussée rapide et totale du cœur. Nous avons soupiré et nous avons laissé là, attachées, *les prémices de l'esprit*, et nous sommes revenus au bruit de nos lèvres, où le verbe se commence et se finit. Mais quoi de semblable à ton Verbe ; notre Seigneur, qui demeure en soi sans vieillir et renouvelle toutes choses ?... » Augustin commente ensuite en des stances brûlantes ce qu'ils viennent d'éprouver et il conclut :

« Si la vie éternelle fut telle qu'a été cet instant d'intelligence après lequel nous avons soupiré n'est-ce pas cela que signifie :
"Entre dans la joie de Ton Seigneur ?"
Et pour quand cette joie ? N'est-ce pas pour le jour où nous ressusciterons sans être changés ? »[17]

Il faudrait presque s'excuser de mutiler, au moins en apparence, un texte aussi riche, qu'il ne pourrait se transcrire en entier. Du moins on remarquera les termes soulignés qui appellent dans les pages qui viennent un commentaire.

Monique, après une expérience aussi exaltante pour son cœur chrétien, avertit Augustin du pressentiment de sa mort prochaine, envisagée avec joie dans l'espérance : « Une seule chose me faisait désirer de rester assez longtemps dans cette vie : te voir chrétien catholique avant ma mort. Je suis plus que comblée dans ce que Dieu m'a accordé : tu es allé jusqu'à mépriser les félicités de la terre et je te vois "son serviteur". »

Monique tomba bientôt malade et mourut au bout de neuf jours. Elle avait instamment demandé qu'on ne transportât point son corps en Afrique. Elle fut effectivement inhumée à Ostie et, par un hasard extraordinaire, on a découvert récemment (1945) une partie de son épitaphe, dont le texte connu par de nombreux manuscrits avait été publié au XVIIe siècle[18].

La douleur d'Augustin fut intense. Il réussit à la maîtriser quelques jours, le temps que le corps de sa mère soit inhumé. La douleur d'Adéodat durant ces jours faisait peine à voir. Les obsèques terminées Augustin laissa libre cours à ses larmes ; il estimait

17. *Conf.*, IX, 10, 25.

18. La découverte fortuite fut causée par le jeu d'un enfant. Cf. *Revue des Etudes latines*, 1945, p. 70. Le corps de Monique fut transféré à Rome dans l'église Saint-Augustin en 1430.

que sa mère avait tant pleuré pour lui de son vivant, qu'il pouvait bien, lui, verser à son tour des larmes sur sa mort. Et, se rappelant les vertus de sa mère qui méritaient, de Dieu, récompense, il exprimait ce qu'il répétera souvent sous des formes analogues : « Quiconque T'énumère ses vrais mérites, que n'énumère-t-il sinon Tes propres dons ? »[19] Le thème est fréquent chez Augustin pour exprimer la puissance de la grâce sur le cœur de l'homme. On le trouve dans un Sermon (333), dans le commentaire du psaume 93 et dans le traité *De Gratia et libero arbitrio*, écrit en pleine controverse pélagienne, pour réserver la part éminente de Dieu dans l'action de l'homme touchant son salut et la récompense de ses œuvres : « Deus non coronat merita tua tanquam merita tua, sed tanquam dona sua... (Dieu ne couronne pas tes mérites comme s'ils étaient tes mérites, mais comme ses propres dons). »[20] Rien n'est plus constant dans la pensée d'Augustin que cette référence à la priorité de la grâce[21], dont son expérience, consignée dans les *Confessions*, est la preuve évidente.

La fin tout entière de ce livre IX, où se mêlent des thèmes de la liturgie pour les défunts se tourne en défense de la prière que l'on fait auprès de Dieu pour eux. Ces thèmes annoncent-ils ceux du *De Cura pro mortuis* écrit bien plus tard (421) où il déclare que « le soin des funérailles est plus une consolation pour les vivants qu'un soulagement pour les morts » ? A ce moment-là Augustin devait lutter comme évêque à des excès du culte des morts. La perspective des *Confessions* est tout autre. Au moment où pèse sur lui la charge épiscopale *(sarcina)* il se sent terrible-

19. « Quisquis autem tibi enumerat vera merita sua, quid tibi énumérat vera munera sua... », *Conf.*, IX, 13, 34.
20. *De Gratia et libero arbitrio*, VI, 25.
21. La liturgie catholique faisait écho jusqu'ici dans la Préface de la Toussaint à ces affirmations de saint Augustin : « Coronando merita, Deus coronat dona sua » (En couronnant les mérites (des saints) Dieu couronne ses propres dons).

ment indigne et pécheur. Le retour autobiographique des « mémoires personnels » qu'il écrit ne visent pas à compenser par un « éloge nuancé » les traits assez durs dont il a tracé le portrait de Monique ; il vise avant tout, et ce livre IX en est l'exemple, à célébrer la miséricorde de Dieu et ses desseins sur Monique dont la vie s'est achevée, comme sur lui-même qui réalisera avec la grâce cette tâche qu'il n'avait jamais envisagée et qui est maintenant la sienne. Il est tentant de voir dans les *Confessions* dont le récit proprement biographique s'achève avec ce livre, une « psychothérapie »[22]. La vérité et la profondeur chez Augustin la dépassent.

Interprétations littéraires d'Ostie. — Tous s'accordent à dire que parmi les textes des *Confessions* le plus beau est celui du livre IX et, dans ce livre, l'épisode de la Vision d'Ostie. Mais la recherche littéraire qui s'attache, outre leur signification, à l'origine de leurs formes, s'est posé des problèmes sur ce texte-là. Il ne saurait être question ici que d'une présentation rapide de ces questions et de leurs solutions ; il y a des spécialistes pour cela[23]. Mais il n'est pas superflu d'en dessiner ici les grandes lignes. Le point de départ est en quelque sorte chronologique : Augustin a composé les *Confessions* entre 397 et 401, les trois derniers livres ayant été écrits au cours des deux ou trois dernières années. Ils n'étaient plus

22. P. Brown, *op. cit.*, p. 185-213, consacre un chapitre entier plein d'excellents points de vue sur les *Confessions* qui restent par endroits fragmentaires. On ne peut guère coucher Augustin ou Monique sur le divan du psychanalyste. *Pour Augustin* de P. Brown est heureusement plus nuancé.

23. Citons le P. Henry, *La vision d'Ostie*, thèse, Paris, 1938 ; Courcelle, *Recherches sur les Confessions*, 1951 et 1963 ; *Les « Confessions » de saint Augustin dans la tradition littéraire*, Paris, 1963 ; Jean Pépin, *Etudes sur les lectures philosophiques de saint Augustin*, Amsterdam, 1977 ; Paul Henry, *Plotin et l'Occident*, Louvain, 1934 ; enfin et surtout, André Mandouze, *L'extase d'Ostie*, communication au *Congrès augustinien*, Paris, 1954, et *Saint Augustin. L'aventure de la raison et de la grâce*, Paris, 1968, qui semble bien positivement dirimer le débat.

biographiques. On savait que l'influence de Plotin, qu'Ambroise avait plus ou moins acclimaté dans les milieux chrétiens de Milan (*De Isaac et Anima*, par exemple), avaient eu aussi sur Augustin une très grande portée. Le monde chrétien s'était approché de Plotin parce que son œuvre parlait du Verbe en termes tels qu'on pouvait le rapprocher de saint Jean. A la fin du XIXe siècle le rapprochement d'Augustin et de Plotin paraissait une évidence. Mais on l'utilisa pour suspecter l'authenticité de la « Vision d'Ostie ». Défendre sa réalité en affirmant[24] que « l'on peut négliger la classique question du plotinisme de saint Augustin » car « rien ne paraît plus surprenant que ce contresens », n'a plus de mise aujourd'hui où la critique textuelle a démontré exactement le contraire.

Il ne fait plus de doute aujourd'hui qu'Augustin aurait commencé la lecture de Plotin à Milan, dans la traduction de Victorinus vers 386. Plotin inspire le *De Quantitate Animae (De la grandeur de l'âme)* écrit à Rome en 388[25]. Les sermons d'Ambroise n'auraient pas été étrangers à cette rencontre intellectuelle. Mais, là comme ailleurs, la similitude des vocables ne recouvre pas l'identité des pensées : « Si les auteurs chrétiens parlent de la présence divine dans les mêmes termes que les néo-platoniciens, il peut y avoir influence ou convergence spontanée simplement. »[26] La chose est patente pour Augustin : l'influence de Plotin a pu se faire sentir tardivement, mais aussi se prolonger longtemps. Ce serait toutefois aller trop loin que d'assimiler la démarche des *Confessions* à la méditation d'un philosophe platonicien.

24. Jean Guitton, *Le temps et l'éternité chez Plotin et saint Augustin*, éd. 1969. Soutenue avant la guerre de 39-40, cette thèse n'a pu bénéficier des travaux qui l'ont suivie.

25. Cf. P. Brown, *op. cit.*, p. 119, et pour la bibliographie sur le platonisme : A. Mandouze, *op. cit.*, p. 257, 480, et le chapitre IX, *Soliloques avec la raison* (458-535). Il faut toutefois se reporter au volume de la BA touchant le *De Quantitate Animae* pour y voir souligné le rapport à Plotin.

26. Jean Trouillard, *L'un et l'âme selon Proclos*, Paris, 1972.

On remarquera ici en passant que les contemporains et Augustin lui-même parlent de *platonicien* et non de *néo-platonicien*, ne faisant pas la distinction que les Modernes ont appris à faire.

Les textes d'Augustin se répondent tout au long d'une vie et de même les réminiscences platoniciennes. L'expérience d'Ostie, qui n'est pas une « vision » au sens propre pour une méditation intellectuelle s'achevant en une prise de conscience intérieure, suggère une comparaison avec des textes antérieurs et postérieurs. A Milan, deux textes des *Confessions* (VII, 10, 16, et VII, 12, 18) rapportent une méditation qui se rapproche de celle d'Ostie. Ces textes rédigés dans les *Confessions* entre 397 et 401 consonnent avec l'*Enarratio* (explication) du Psaume XLI rédigée en 410 : « A force d'entendre dire chaque jour "Où es ton Dieu"... j'en suis venu moi-même à me mettre en quête de mon Dieu pour dépasser la simple croyance et en avoir en outre quelque vision. »[27]

1. **Les degrés.** — Il est indéniable que le langage d'Augustin dans ces textes est un langage de mystique, mais de mystique platonisant, même, comme nous l'avons vu, si le contenu des vocables ne correspond pas à la même réalité. Le mouvement de la pensée correspond à la dialectique des « degrés », analogue à celle du *Banquet* de Platon (211 *c*) que rappelle aussi *Sagesse*, 13, 3-5. Ce qu'Augustin exprime dans l'*Enarratio XL* : « Je cherche mon Dieu dans tout ce qui est corps — terrestre ou céleste — et je ne trouve pas. Je cherche sa substance dans mon âme et je ne trouve pas... et désirant voir par l'intermédiaire des choses créées, se dévoiler au regard de l'intelligence les aspects invisibles de mon Dieu, j'ai répandu mon âme au-dessus de moi, et il

27. Cf. A. Mandouze, *op. cit.*, p. 668-699, et pour l'utilisation (par Augustin lui-même) du terme platonicien, p. 482, n. 1, et 484, n. 2 ; 483, n. 4.

ne me reste plus que mon Dieu que je ne sois pas encore parvenu à toucher. Là où se trouve la demeure de mon Dieu, c'est au-dessus de mon âme... »[28]

On retrouve cette idée de *degrés (gradatim)* dans les deux textes des *Confessions*, celui de Milan et celui d'Ostie, mais celui de Milan évite la précision d'Ostie *ambulavimus*, « nous avons traversé degré par degré tous les êtres corporels ». Le texte de Milan voulait-il suggérer le caractère purement spirituel d'une démarche qu'Ostie fait déboucher, nous le verrons, dans la région de l'*être même (in idipsum)*. La couleur plotinienne est plus accentuée dans le texte de Milan où il est question de la beauté des corps : « J'appréciais la beauté des corps aussi bien célestes que terrestres... » (*Conf.*, VII, 17, 23). Le ton est ici très plotinien car Augustin enchaîne sa pensée sur la montée par degrés, ce que l'on retrouve aussi dans le texte d'Ostie qui insiste jusqu'à quatre fois sur le silence, aboutissement de la purification plotinienne. S'il ne faut pas demander au parallélisme des textes plus qu'ils ne peuvent donner, il n'en est pas moins vrai qu'ils permettent de déceler l'intentionalité d'une pensée et avec des démonstrations que nous ne pouvons détailler ici, la cause semble jugée : en gardant sa propre pensée et en utilisant le texte de la Bible, Augustin a su faire converger les concepts néo-platoniciens vers un langage chrétien. Quelques expressions[29] méritent aussi d'être examinées. Ce sont chronologiquement I. « regio dissimilitudinis »[30] (texte de Milan, *Conf.*, VII, 10, 16). Augustin vient

28. Traduction Mandouze. En lisant ce texte on ne peut s'empêcher d'évoquer les poèmes de saint Jean de la Croix, le symbole de « la nuit obscure » dans la *Montée du Carmel*. Il est dans la liturgie (Dim. II apr. Pentecôte) un texte à consonnance augustinienne qu'il plaît d'évoquer ici : « Oblatio... de die in diem ad coelestis vitae transferat Actionem... (que notre offrande nous transporte de jour en jour à l'Action de la vie céleste...). »

29. Nous sommes ici tributaires des Notes du P. Solignac dans l'édition de la Bibliographie Augustinienne des *Confessions*, t. 13 et 14.

30. La division est : I. Regio dissimilitudinis, II. In idipsum, III. Primitias spiritus.

de rencontrer le néo-platonisme, qui, entre autres, l'a libéré du manichéisme, lui montrant que celui-ci errait sur la question du mal. La formule vient de Platon (*Polit.*, 273 *d*) et Plotin la transmet dans sa *I*[re] *Ennéade*. Un sermon (le 7, 7) développe la même idée : il s'agit de l'effort pour saisir l'être divin et quand on croit y parvenir, se trouver devant l'incapacité de s'élever jusqu'à Dieu. Pour Plotin il s'agit, dans ce « pays de dissemblance », de l'emprisonnement de l'âme dans les réalités sensibles. Augustin fait le chemin inverse : l'âme qui commence à connaître Dieu sent qu'il existe entre Dieu et elle un abîme infini... se sent dissemblable à Dieu au moment même, où il commence de le connaître. La vision d'Isaïe est la situation qui présente le mieux ce rapport : Isaïe en face de Dieu se sent à la fois dissemblable et impur et ne pourra parler s'il n'est d'abord purifié (Is. VI, 5). Rien ne peut combler cette différence si ce n'est la grâce. En éclairant cette expression par d'autres contextes où Augustin l'emploie, on comprend mieux quelle métastase souffrent les textes plotiniens qui se présentent à son esprit et quelles riches métamorphoses il leur fait subir.

2. **In Idipsum** (*Conf.*, IX, 4, 11, et IX, 9, 24). — Augustin après sa conversion a toujours affectionné les psaumes : ici le terme tiré des psaumes 4 et 121 est pour lui l'expression typique du mystère de l'Etre divin. C'est en lisant à Cassiciacum le psaume 4 qu'il s'écria : « Oh ! dans la paix. Oh ! *dans l'être même* je m'endormirai... Tu es Toi, cet être même par excellence, toi qui ne changes pas... » Dans la Vision d'Ostie l'expression est au cœur de l'ascension par degrés : « Alors nous élevant d'un cœur plus ardent vers *l'être même*, nous avons traversé, degré par degré, tous les êtres corporels et le ciel lui-même... » Dans son traité *sur la Trinité* (III, 2, 58) il y revient pour y reconnaître Dieu bonté suprême et immuable.

3. **Primitias spiritus.** — L'expression précédente marque un palier dans l'ascension par degrés vers *l'être même*. Ici, nous sommes au dénouement et Augustin va comprendre qu'il n'est plus possible d'aller plus loin, à moins de sortir de ce monde, dans la rencontre avec Dieu. La suite du texte est un retour vers les nécessités de la vie terrestre : « Lui-même (le Verbe) se fit entendre à nous sans elles (les créatures)... et d'une pensée rapide nous avons atteint l'éternelle sagesse qui demeure au-dessus de tout... (IX, 10, 25). Il s'agit là, comme le note si bien le P. Solignac : « *Les prémices de l'esprit* désignent... la rectitude d'exercice et d'intention de l'esprit, faculté la plus haute de l'être humain : dans la foi et dans l'amour, l'âme s'est ouverte et offerte au Mystère divin... et la contemplation d'Ostie montre comment l'esprit reste fixé dans le désir de cette vie bienheureuse dont l'idée et l'avant-goût lui ont été donnés... » Ces expressions « remarquables », comme l'on dit en mathématiques, éclairent les sources d'Augustin et les emprunts qu'il fait en les transformant à la philosophie néo-platonicienne, mais, en même temps nous donnent la mesure de son génie religieux comme de sa ferveur mystique. La mystique a de multiples facettes ; elle n'a qu'une démarche : centrer l'homme en Dieu et sur Dieu[31].

V. — L'écrasante charge de l'épiscopat

Le retour au pays. — A l'automne de 388, plusieurs mois après la mort de Monique, Augustin se décide à partir pour l'Afrique ; il est accompagné d'Alypius et de son fils Adéodat. Ils passent quelques jours à Carthage et y sont hébergés par de pieux laïcs qui se nomment eux-mêmes *servi Dei* (serviteurs de Dieu).

31. Voir *La mystique et les mystiques*, préf. du card. de Lubac.

Ils ne sont pas moines encore qu'ils mènent la vie commune, voués à la prière, voire au service des autres. Augustin, qui ne veut pas renouveler l'expérience de Cassiciacum, envisage de fonder à Thagaste, sa ville natale, une communauté semblable à celle de Carthage, sans abandonner l'étude orientée à la défense de la vraie foi. Il commence par un *Commentaire sur la Genèse* contre les manichéens qu'il sent d'autant plus le devoir de combattre qu'il a appartenu à leur secte et qu'ils sont puissants à Thagaste. Il écrit aussi un ouvrage, *Sur les mœurs des manichéens*. Le traité *De Musica*, commencé à Milan et qui est surtout un traité de métrique pythagoricienne, est achevé à ce moment-là. Tout prouve que le petit groupe assemblé autour d'Augustin se livrait à des tâches intellectuelles et non à la culture des terres comme le feront plus tard les moines. Au surplus, sans doute pour faire subsister son groupe, Augustin avait vendu les terres de son héritage. On ne sait si Navigius son frère était mort ; sa sœur vivait encore près de lui sans doute. Elle sera préposée plus tard à la direction des moniales d'Hippone. Le jeune Adéodat est près de son père et c'est lui qui intervient dans l'hiver de 389 comme interlocuteur du *De Magistro*. Mais il était dit que ce garçon prometteur ne pourrait atteindre l'âge adulte : le jeune Adéodat, frappé d'un mal que son père ne détermine pas, vint à mourir et, presque au même moment l'ami d'Augustin, Nébridius[32].

Ces deuils survenant à la fin de 389, après deux ans passés à Thagaste, n'avaient pas seulement apporté un grand désarroi à Augustin, mais ils avaient aussi provoqué chez lui un réel besoin d'action. La réflexion sur son projet d'un rassemblement de *servi Dei*

32. Pour exorciser sa douleur, Augustin emprunte une phrase à Cicéron : « De tous les hommes tu es le seul par qui j'aurais aimé être surpassé en toutes choses. » Cf. P. Brown, *Vie de saint Augustin*, p. 157, citant une lettre perdue de Cicéron dans *Opus imperfectum*, VI, 22.

devait le conduire à contacter des hommes capables de le seconder ; précisément, un appel lui venait d'Hippone émanant d'un homme capable de le rejoindre, dans cette vie mi-apostolique, quoique laïque, qui était la sienne. De Thagaste, Augustin n'était jamais sorti depuis son retour d'Italie ; il avait pris pour règle d'éviter toutes les cités qui cherchaient un évêque. Hippone en avait un et il pouvait s'y rendre sans danger. Malheureusement pour lui, l'évêque d'Hippone, Valère, était âgé, et le jour même où Augustin participait à l'assemblée, il l'entendit déplorer son âge et souhaiter de l'aide. Dans la foule on avait remarqué Augustin. En moins de temps qu'il ne faut pour le dire il s'entendit acclamer, désigner et conduire à la cathèdre du pontife. Il sortit prêtre de la basilique, désigné pour les tâches que Valère lui confierait. L'évêque, grec d'origine, parlait mal le latin et n'entendant rien au punique ne pouvait évangéliser les paysans numides. Augustin fut de suite députié à la prédication, charge que les évêques africains d'alors se réservaient. Il eut aussi à seconder son évêque dans ces interminables séances d'arbitrage que demandaient les fidèles. Les lois de l'Empire permettaient aux plaignants catholiques d'avoir recours à l'évêque en lieu et place des tribunaux civils. La justice y était plus rapide et la confiance des plaidants plus grande ! Mais quand on a voué sa vie à la prière et à l'étude de l'Ecriture, ces interminables palabres sur des litiges d'intérêt finissaient par devenir fastidieux. Augustin s'en plaindra toute sa vie jusqu'à ce qu'il parvienne à s'en décharger deux ans avant sa mort. D'autre part, Augustin se rendait parfaitement compte des problèmes qui se posaient à l'Eglise en Afrique : manichéisme et donatisme n'étaient pas morts et il fallait s'adresser à eux pour les ramener dans la vérité. Le corps épiscopal lui-même n'était pas de taille à lutter contre ces dissidences. Le plus grand exégète africain, le donatiste Tyconius, eut lui-même une certaine influence sur Augustin. Les manichéens, eux aussi très forts à Hippone, eurent à subir une attaque en règle d'Augustin ; dès son arrivée, il prit à partie, le 28 août 392, dans une galerie des bains publics, son ancien ami le manichéen Faustus qu'il accula au silence dans une discussion publique. Vaincu sur son propre terrain l'adversaire quitta Hippone définitivement.

Prêtre depuis 381, Augustin, malgré le souhait de Valère, n'était pas encore évêque. Il y avait du tiraillement dans l'épiscopat de Numidie, qui pourtant l'avait entendu lors d'un concile général à Hippone prononcer un *Sermon sur la foi et le symbole*. Megalius, primat de Numidie, reconnut avoir été abusé[33]. Valère était intervenu secrètement auprès du primat de Carthage, et Aurelius, qu'Augustin avait connu diacre à Carthage, soutint Augustin, sachant qu'il pouvait faire fonds sur lui pour la réorganisation de l'Eglise en Afrique. Augustin lui marqua toujours beaucoup de déférence et de son côté Aurelius encouragea la communauté de clercs, créée par Augustin à Hippone où il puisera pour faire des évêques. La promotion à l'épiscopat des amis d'Augustin, dont Alypius, fit réfléchir Valère qui se décida à faire ordonner Augustin évêque au cours de l'hiver 395-396. C'était une « première » pour l'Afrique, car on n'y connaissait pas, comme en Orient à la même époque, de situation semblable : le futur successeur évêque en même temps que le titulaire, situation qu'Augustin reproduira deux ans avant sa mort.

Cette consécration épiscopale tant redoutée d'Augustin était pour lui le commencement d'une vie qui sera rapidement très harcelante. Questions de doctrine pour lesquelles il faudra composer lettres et

33. Il avait reçu l'écho de calomnies. Cf. Mandouze, *op. cit.*, p. 141-142.

traités, sollicitations pratiques de tout ordre, tel[34] sera le pain quotidien de l'évêque, obligé parfois de travailler la nuit pour rédiger les grands traités dont la composition s'étalera sur des années, le *De Trinitate* par exemple. Il ne faut pas dès lors s'étonner qu'il ait employé souvent l'expression de *sarcina episcopalis*, « charge écrasante de l'épiscopat », point péjorative à son sens, mais exacte pour la tâche qui sera la sienne plus de trente années.

Augustin, dont l'intelligence excellait à mettre en forme et à éclairer de son intuition les problèmes les plus ardus, devint rapidement celui dont les avis étaient écoutés et la solution prévalait. Simplicianus, successeur d'Ambroise à Milan, lui posait des questions essentielles sur la liberté et la prédestination, Paulin de Nole l'interrogeait à son tour sur les dissensions en Afrique. Augustin porta ainsi le poids des luttes doctrinales qui déchiraient l'Eglise dans ce continent. Il dut faire d'incessants voyages et se déplaça presque chaque année à Carthage[35]. Outre cet exercice local de la justice en faveur des plaideurs catholiques, il devait servir d'intercesseur pour ses fidèles auprès des autorités civiles. Un sermon le décrit ainsi : « Etre aux aguets, faire antichambre, laisser passer les dignes et les moins dignes, être mal reçu, obtenir parfois, parfois se retirer sans succès... »[36] tel est un des aspects et pas des moins lourds de la *sarcina*, terme très fort qui désigne originairement le sac du soldat et, ici, le fardeau jugé intolérable et écrasant de l'épiscopat. Pour les tâches d'ordre temporel, il aimerait bien qu'on lui donnât vacances, mais, pour ce qui est d'ordre spirituel, sa responsa-

34. Une présentation très vivante de la vie d'évêque à Hippone dans A. G. Hamman, *La vie quotidienne en Afrique du Nord au temps de saint Augustin*, Hachette, 1985, p. 265 à 295, « Le métier d'évêque ».
35. « Trente-trois fois en trente ans » (P. Brown, *op. cit.*, p. 503 et 224, n. 40).
36. *Sermon 303,* 19, 17, signalé par le P. Solignac.

bilité devant Dieu, où il revient à de nombreux anniversaires de son sacre[37], il demande l'aide de la prière : « Cela concerne chacun de vous et moi-même que vous devrez rendre compte de vous-même et de moi... Aussi ma charge est-elle plus grande... Soulevez mon fardeau et portez-le avec moi... »

VI. — **Une église de « purs » : le donatisme**

Quand Augustin commence son ministère à Hippone il se heurte à ses anciens amis manichéens et l'on a vu comment il a évincé Fortunatus. Il continuera à lutter contre une secte que le pouvoir lui-même aidera à décliner puis extérieurement du moins à disparaître. Il n'en ira pas de même du donatisme qui restera puissant dans toute l'Afrique romaine et qui est un phénomène typiquement africain où dans presque chaque cité, côte à côte, s'opposent basilique et évêque catholique, basilique et évêque donatiste. Un peu comme il en allait en France au premier tiers du XVIe. Les donatistes ont laissé en certaines villes des ruines imposantes comme la basilique et le riche baptistère de Timgad (Thamugada).

Mais comment en était-on arrivé là ? Il faut remonter à la dernière persécution contre les chrétiens, celle de Dioclétien en 303. L'histoire du schisme peut bien s'écrire en quelques lignes ; elle court cependant sur près d'un siècle et demi et il faudra l'intervention du pouvoir impérial pour l'arrêter. On dit ce schisme typiquement africain ; il n'empêche que la tendance au schisme, à toute époque, court tout au long de l'histoire chrétienne. L'intérêt de la lutte que mène Augustin ne se termine pas à l'extinc-

37. *Serm. 339* et aussi *Serm.* 340 et *Epist. à Paulin.* Cf. Jourjon, *RSR*, t. XLIII, 1955, p. 258-262. L'expression est chère à Augustin.

tion du schisme mais nourrit une théologie de l'Eglise exemplaire et valable pour tous les temps.

Revenons aux faits. Sur cette histoire, les écrits donatistes ayant disparu, il nous reste ceux de saint Optat de Milève et les lettres ou les conférences antidonatistes d'Augustin. Par eux on sait qu'au plus fort de la persécution de Dioclétien en 303 et 305, les dirigeants d'Eglise, en particulier les évêques, reçurent l'injonction de livrer les livres sacrés, ceux qui le firent furent appelés « traditeurs »[38]. Mensurius, primat de Carthage, trompa le pouvoir en livrant des livres hérétiques. Il n'en fut pas moins considéré comme « traditeur ». Les martyrs, de leur prison, refusaient toute communion avec eux, comme l'indiquent les *Actes de Saturnin* (304). Au milieu de ces débats de personnes entre ceux qui résistaient et ceux qui cédaient au pouvoir, se détache le nom de Cécilien qui aurait même refusé de secourir les martyrs dans leur prison. Or, Cécilien est élu évêque de Carthage et l'on craint qu'il ne représente le parti de la modération ; d'une part, son ordination épiscopale avant que les 70 évêques de Numidie n'arrivent à Carthage pour y participer, apparaît comme le résultat d'une pression. L'ordination de Cécilien paraît donc entachée de nullité. On élit — à prix d'or semble-t-il, grâce au don d'une matrone — un certain Majorinus. L'édit de Milan (315) étant intervenu, Majorinus essaie de se faire reconnaître par l'empereur. Il meurt avant que la reconnaissance ne parvienne et c'est Donat qui va lui succéder. Le schisme est parti. Sur la personnalité de ce Donat, il y eut vers 411 des hésitations : on distinguait entre l'initiateur du schisme et un Donat des Cases Noires participant au Concile de 411. Augustin, après avoir hésité, affirme dans les *Révisions* (I, 21) que les deux

38. En latin *tradere*, c'est-à-dire « livrer » : pour les non-traditeurs c'était une faiblesse impardonnable.

personnages n'en font qu'un, ce que les historiens modernes admettent. Donat occupa le siège schismatique de Carthage plus de quarante ans (313-345), fut exilé par les légats impériaux et mourut en Gaule ou en Espagne entre 350 et 355.

Une telle situation d'un primat schismatique à Carthage entraînait toute une réorganisation de l'Eglise et donc une contre-Eglise. Ce fut la tâche de Donat qui exerça pendant ses quarante années d'épiscopat une primatie sur environ trois cents évêques. La répression impériale de Constantin ne concerna que les environs de Carthage et l'Eglise donatiste qui se voulait celle des martyrs se proclamait aussi l'*Eglise des purs*. L'empereur Julien la favorisa. Au cours de son imperium (361-363) les évêques donatistes revinrent d'exil et le donatisme prit l'offensive d'une propagande active. L'évêque Parménien de Carthage définit la position ecclésiologique de son Eglise « contre l'Eglise des traditeurs ». C'est aussi l'époque des Circoncellions et le moment où Augustin entre en lice.

D'abord, il faut comprendre. — Favorisés par l'empereur Julien et revenus d'exil en 363, les évêques donatistes suscitent un tel renouveau de leurs églises que les catholiques sentent le besoin de réagir. A Hippone, la basilique donatiste jouxte l'église catholique et certain jour le boulanger donatiste refusa son four aux catholiques. Augustin, imbu du désir de paix, fit porter à l'évêque donatiste une lettre pour le convier à une rencontre. La lettre revint sans avoir été acceptée. Le pouvoir de son côté essayait tous ses efforts pour arriver à l'unité et un Concile fut programmé pour 411 à Carthage ; des lettres furent envoyées à tous les évêques donatistes — et cette fois acceptées — en même temps qu'aux catholiques. On y promettait que tous seraient placés sur un plan d'égalité et que les donatistes auraient tout le loisir de développer leurs positions. Augustin dut se livrer à un travail intense de consultation de documents et de réflexion approfondie sur la théologie de ses adversaires. Il dut se déployer selon deux orientations : celle des faits anciens ; celle de la théologie des sacrements principalement du baptême et celle de l'Eglise[39].

Les faits tels que les présentaient les donatistes, interprétés dans leur sens, manquaient d'exactitude. Augustin, après une recherche scrupuleuse, les rétablit. Laissant de côté pour le moment la question des Circoncellions, Augustin s'en prend à l'ecclésiologie des donatistes, appuyé sur les travaux d'Optat, évêque de Milève, et sur sa propre recherche. Il rétablit les faits concernant Mensurius le Donatiste, Cécilien et son consécrateur Félix d'Aptonge, qui se font face sur le siège de Carthage. Augustin « montre que certains évêques donatistes ont été eux aussi des traditeurs et, au terme d'enquêtes officielles, convaincus des crimes dont ils accusaient les catholiques ». Tel l'évêque Secundus présidant le synode des évêques de Numidie contre Cécilien, qui avait consacré le premier évêque donatiste de Carthage, Majorinus, avant Donat. Des précisions fondées historiquement et solides interdisaient au parti donatiste de se dire l'Eglise de ceux qui n'avaient jamais failli, l'Eglise des Purs, ayant gardé intacte la tradition des martyrs et une hiérarchie épiscopale qui ne s'était jamais compromise. « Sans se lasser, Augustin refaisait l'histoire vraie des événements » et il rappelait en même temps les inconséquences de la hiérarchie donatiste, principalement sur la réitération du baptême, inconséquence liée à leur ecclésiologie et à leur théologie des sacrements.

Ecclésiologie et révélation biblique. — Dans son argumentation préparée en vue du Colloque de Car-

39. Ce développement s'inspire de l'*Introduction aux traités antidonatistes* (Bibliographie Augustinienne, t. 28) du P. Congar, dont l'exposé d'une très grande clarté permet de débrouiller des positions assez difficiles.

thage (411), Augustin avait accumulé les textes où l'Ecriture montrait que le Christ avait voulu une Eglise *toto Orbe diffusam*[40], répandue dans le monde entier et qu'elle commençait à Jérusalem et non à Carthage. Les donatistes se situaient, contre cette volonté du Seigneur, dans le domaine « du clos, du particulier, du repli sur soi et de la fermeture à autrui » qui est justement le propre de l'esprit schismatique. On le retrouvera, hélas, au long de l'histoire de l'Eglise dans les siècles qui suivront. L'œcuménisme n'était pas le fort des donatistes comme Augustin le signale dans son ouvrage *Sur l'unique baptême contre Pétilien* : « L'Eglise catholique... se répand à travers tous les peuples par une abondante fécondité et n'émonde que l'iniquité détruisant la vérité du Seigneur. »[41] L'ecclésiologie augustinienne, comme le montre le P. Congar s'appuyant sur de nombreux textes, maintient que « la catholicité ou l'universalité est celle de la communion fraternelle totale, ce en quoi et par quoi se réalise l'essence intégrale et profonde de l'Eglise comme peuple de Dieu et corps du Christ animé par son Esprit »[42]. Augustin, en face du schisme, ne cesse d'en appeler à la *Catholica* : « En toute sûreté, la terre entière juge qu'ils ne sont pas bons ceux qui se séparent en se divisant de la terre entière, en quelque lieu de la terre que ce soit. »[43] Autrement dit, le repli sur soi, en s'enfermant dans la vérité que l'on s'est créée,

40. « ... sic emendat iniquitatem, ut in eo non ipsius sed Domini destruat veritatem » ..., *Contr. Petil.*, XIII, 21.

41. L'expression *toto orbe terrarum diffusa* revient plusieurs fois dans la lettre 185 au comte Boniface pour désigner l'Eglise qui, selon la parole de Jésus reportée dans les Actes (I, 8), « doit se répandre jusqu'aux extrémités de la terre ». La division, le particularisme sont contraires à la volonté du Christ.

42. Qui ne sentirait ici ce qui sous-tend la *Constitution de l'Eglise* dans Vatican II. Le rapprochement a été fait (Conférence à Rome, 1988).

43. Le texte porte des balancements rhétoriques qui assimilent l'*Orbis Terrarum* à l'Eglise : « securis judicat *orbis terrarum* bonos non esse, qui se dividunt *ab orbe terrarum*, in quacumque *parte terrarum* »..., *Contra Epist. Parmeniani*, IV, 24 qui est d'avril 404.

ne permet pas de juger de son bon droit ; la vérité ne peut s'émietter dans les opinions particulières. Car il doit y avoir une règle générale à laquelle tous puissent et doivent consentir.

Au surplus, la conduite morale et la condition de traditeur en relèvent, l'Evangile montre assez que saints et pécheurs sont mêlés en ce monde. Augustin cite les paraboles de saint Mathieu. Saint Cyprien lui-même, dont les donatistes se réclament, citait lui aussi, les paraboles de l'ivraie, du filet, du van, pour montrer ce mélange incessant dans l'Eglise qui est sur terre, des bons et des mauvais. *L'Eglise des purs est une réalité eschatologique*, pour la fin des temps quand *Dieu sera Tout en tous*. Or, les donatistes ne voulaient pas accepter la distinction : « Ils voulaient une Eglise sans tache ni ride dès ici-bas et pour cela, ils s'arrogeaient, au témoignage d'Augustin, le droit de séparer même matériellement, les mauvais des bons » (Congar). Augustin traitait Parménien de *ventilator*, l'homme qui actionne le van qui sépare la balle du grain. Tentation où achopperont trop de chrétiens !

Baptême et sacrements. — La pratique sacramentelle des donatistes dérive de leur ecclésiologie : seule l'*Eglise des purs* peut donner un sacrement valide. Certes, il ne s'agit pas dès l'abord de la sainteté du ministre : le ministre peut être indigne et le sacrement valide car celui qui le donne appartient à une église pure qui le garantit. Mais l'indignité du ministre une fois révélée et connue, ce sacrement ne sera pas valide. Pour le démontrer les donatistes recouraient au cas de Judas qui, après sa trahison, « fut privé de la part de son ministère » (Act. I, 17). Augustin, comme l'Eglise de son temps, ne pouvait admettre qu'on puisse traiter de la validité des sacrements en partant du ministre ou même de l'Eglise, car l'une comme l'autre étaient seulement « le canal de la grâce ». Reprenant saint Paul, l'évêque d'Hippone affirmait : « Nous n'avons pas été baptisés au nom de Paul ou d'Apollos » (I Cor. I, 12-16) ni au nom de Cécilien. Le baptême n'a ni pour sujet ni pour auteur pas plus Cécilien que Donat, mais le Christ. Augustin insistera de plus en plus au long des années sur une affirmation qui deviendra une règle : « Pierre baptise, c'est le Christ qui baptise, Jean ou Judas baptisent, c'est le Christ qui baptise. »[44] Dès ses premiers traités anti-donatistes « la pensée d'Augustin est nette : le Christ est l'*auctor*, celui qui garantit les sacrements, ses mérites et non les nôtres en font la valeur. Son "caractère" (Sphraggis) et non celui de Donat nous est imprimé dans le baptême »... L'action d'Augustin dans la polémique donatiste et dans l'opposition à Pélage proclame avec constance que la grâce relève exclusivement de Dieu. Le Christ assure l'unité qui doit exister entre le sacrement et la grâce. Cela permet à la théologie d'Augustin de reconnaître la validité des sacrements chez les schismatiques et les hérétiques même[45].

La mise en ordre. — Comme nous l'avons dit, la question du schisme donatiste fut en *grande partie* réglée par la Conférence bipartite de Carthage (juin 411) qui assemblait évêques catholiques et évêques donatistes, et dont les *Actes* ont été pour la plupart conservés[46]. Cette conférence, présidée par le notaire impérial Marcellinus, sans que l'église romaine n'eut à intervenir, se termina par la victoire des catholiques. Il fut décidé que les prêtres et les évêques donatistes conserveraient leurs rangs et leurs

44. *Contre l'Ep. de Parménien*, II, 15, 34.

45. A condition précisera-t-on d'avoir l'intention de faire ce que voulait le Christ.

46. Ed. et trad. S. Lancel, « Sources chrétiennes », t. 194-195 et 224, Cerf, 1972 et 1979.

fonctions à l'intérieur d'une Eglise catholique unie. Certes, il y eut des refus d'adhésion à cette mesure de la part des donatistes, et le schisme persista jusqu'à l'invasion arabe dans des groupes réfractaires. Le court intermède du règne de l'empereur Julien (361-363) put officialiser un temps l'église donatiste, mais à sa chute tout rentra dans l'ordre au moins en droit sinon en fait.

Circoncellions et répression. — Ce qui accompagne la condamnation du donatisme pose des questions qu'on ne peut éluder. Les circoncellions (ceux qui « cernaient villes et villages ») sont des bandes armées qui s'attaquent aux propriétaires de Numidie commettant de graves exactions. Il est difficile de dire s'ils sont liés aux donatistes partout. A Thamugada (Timgad) par exemple, ils ont l'accord d'Optat, évêque donatiste qui soutient la révolte d'un nommé Gildon. Leur cri de guerre est *deo Laudes*, qui fait penser à Allah Akbar des Hezbollahs modernes. Ces gens feront régner l'insécurité tout au long du IVe et même en partie au Ve siècle. La question de l'appartenance sociale de ces terroristes n'est pas claire pour les historiens. Mais un fait semble confirmer leur convergence avec un appui donatiste, leur implantation en Numidie, où le donatisme avait sa plus grande densité. Particularisme national, opposition à l'Empire romain pourraient aussi fournir une explication jointes à une certaine misère dans des populations défavorisées[47].

47. La question des origines du donatisme a peu progressé depuis la publication des *Ecrits donatistes* dans la BA (la thèse socio-politique de Frend est reconnue valable, mais en partie seulement car la question est d'origine théologique et juridique en même temps : validité de l'ordination de Cécilien et théologie exacte des sacrements). Reconnaissons ce que nous devons au P. Solignac pour ses remarques pertinentes, utilisées ici.

VII. — **Pélage et le Pélagianisme**

La controverse qui s'annonce, dont Augustin ne verra pas la fin, aura en lui de profondes résonnances. Elle est déclenchée par un certain Celestius qui postule le sacerdoce auprès du primat de Carthage. Celestius vient de Rome où Rufin le Syrien influence la théologie d'un certain Pélage, un *servus Dei* qui jouit là-bas d'une énorme influence. Les idées de Pélage et de Celestius inquiètent le primat Aurelius qui n'admet pas le postulant au sacerdoce et le condamne pour ses positions théologiques. Augustin, absent, est averti de l'affaire par le primat et par Marcellinus, le fonctionnaire impérial qui présida la Conférence de 411 entre évêques catholiques et évêques donatistes. Outre l'ecclésiologie, la question de la grâce est en cause ; de part et d'autre ne serait-il pas question d'un même combat[48] ? L'année même où se tenait la Conférence, Celestius était condamné et jusqu'en 417 Augustin continuera d'écrire contre les donatistes sans se détourner de ses œuvres majeures[49]. Il commencera aussi à se mesurer dans ses écrits avec les Pélagiens[50].

La scission donatiste mettait en cause la transmission de la grâce par des voies extérieures à l'Eglise véritable. La position de Celestius et de son maître Pélage mettait en cause la nécessité et l'action de la grâce elle-même face au libre arbitre de l'homme. Augustin, en quête de la « Brebis égarée », découvre que l'amour du prochain prend sa source dans l'amour de Dieu, ce que Pélage remet en question et bien d'au-

48. André Mandouze a soulevé la question : *op. cit.*, p. 391 sq., chap. VIII, « L'implacable théologie de l'amour sans limites ». Cf. *ibid.*, sur le « rôle coercitif d'Augustin après la condamnation des donatistes », chap. VII, « L'Afrique de la brebis perdue », p. 395 et 332 sq.

49. Les seuls écrits donatistes sont le *Breviculus collationis cum donatistis* et la lettre 185 *De Correctione Donatistarum* en 417 au comte Boniface, qui indique la conduite à tenir contre les réfractaires.

50. Les œuvres majeures d'Augustin sont le *De Trinitate*, le *De Civitate Dei* et le *De Genesi ad Litteram (Commentaire de la Genèse)*.

tres choses encore à commencer par le baptême des petits enfants, bouleversant ainsi la pratique de la vie chrétienne. Il est temps de dire qui sont Pélage et ses disciples.

Pélage. — La vie de Pélage[51] ne nous est connue que par saint Jérôme, l'Espagnol Orose, le polémiste Marius Mercator et principalement saint Augustin dans le *De Gestiis Pelagii*. De ses origines — on l'a cru longtemps britannique, voire irlandais ! — et de sa formation humaine on ne connaît rien de certain, bien qu'on puisse conjecturer, d'après ses écrits les « sources » où il a puisé. Son activité à Rome, au moment où Jérôme la quitte (385) est importante auprès de l'aristocratie romaine de l'époque. Appartenant au mouvement des *servi Dei*, il prône un christianisme d'ascèse et de dépouillement et il est suivi par toute une élite. En tout cela il n'était pas question de théologie avant l'arrivée à Rome de Rufin le Syrien qui apporte des thèses tournant autour du péché d'Adam et de ses conséquences, de l'existence avant le Christ d'hommes sans péché et de l'innocence des petits enfants à leur naissance, thèses qui seront monnayées ensuite par le mouvement pélagien. On pense que ces thèses seraient d'origine orientale, peut-être d'un prêtre de l'école d'Antioche, Théodore, devenu entre-temps évêque de Mopsueste[52]. Malgré tout une certaine incertitude demeure et Pélage, sur tous ces points, se montrera discret.

Le sac de Rome par Alaric en 410 poussa vers l'Afrique la classe romaine dirigeante. Pélage suivit et aborda à Hippone. Augustin n'était pas là ; il

51. Sur Pélage, la principale référence a été G. de Plinval, *Pélage, ses écrits, sa vie, sa réforme*, Lausanne, 1943, et dans l'*Histoire de l'Eglise* de Fliche et Martin, t. IV, p. 79-127. Plinval a beaucoup travaillé le sujet. D'autres études ont suivi. Le *Dictionnaire de spiritualité*, art. « Pélage et pélagianisme », t. XII, col. 2889-2936, de Fl. Nuvolone et du P. Solignac intègre les recherches plus récentes.

52. Près duquel Julien d'Eclane se réfugiera plus tard.

lui écrivit une lettre à laquelle l'évêque répondit courtoisement, sans s'engager. Il connaissait peut-être l'affaire Celestius. Pélage ne fit que passer à Carthage et Augustin avoue l'avoir aperçu fugitivement au cours de la conférence provoquée par les donatistes. Pélage se dirigea alors vers l'Orient où les ennuis vont commencer.

La condamnation de Celestius en 411 pousse Augustin à en savoir davantage sur Pélage ; le prêtre espagnol Orose, de passage à Carthage, se propose à faire une enquête près de Jérôme et de constituer un dossier sur Celestius et Pélage. Orose presse Jean de Jérusalem à convoquer une assemblée ecclésiastique devant laquelle il présente le dossier sur Celestius. Mais devant l'assemblée Pélage se dérobe en reconnaissant la nécessité de la grâce divine pour la perfection. Orose n'est pas convaincu, pas plus que ne le sera Augustin, de l'orthodoxie de la pensée de Pélage. Il y a appel au pape Innocent et surtout à l'instigation d'Orose, réunion d'un Synode à Diospolis (Lydda). Orose, simple prêtre, ne pourra y siéger.

Pélage répond devant quatorze évêques sur un dossier complexe, œuvre d'Orose et de Jérôme. Pélage obtient d'être blanchi, mais ses adversaires ne s'inclinent pas. Jérôme parachève son rapport qu'il envoie à la cour de Ravenne et en Afrique ; il informe aussi Augustin des événements palestiniens. Celui-ci recevra par Cyrille d'Alexandrie les *Actes* du Synode de Lydda[53]. Un concile tenu en Afrique, à Carthage et à Milève, s'adresse au pape Innocent prenant position contre les décisions de Lydda. Entretemps, le monastère où réside Jérôme est sauvagement attaqué. Augustin se contente de déplorer les faits sans attaquer personne. En janvier 417, Jean de

53. D'après une lettre d'Augustin récemment découverte, Six nouvelles lettres, *CSEL,* 88, Epist. 4, p. 26-29.

Jérusalem étant décédé, le pape Innocent répond aux évêques africains qu'il se range à leur opinion. Pélage envoie une lettre de soumission. Mais Innocent meurt et son successeur Zozime accueille favorablement Celestius et le blanchit ainsi que Pélage des accusations portées contre eux ; il semble ainsi débouter les Africains. Ceux-ci réagissent, documents à l'appui. Et un rescrit du pouvoir impérial, en date du 30 avril 418, ne tarde pas de condamner Pélage et Celestius[54].

Le rescrit d'Honorius est transmis par le pape Zozime aux évêques africains en train de se réunir ; cela leur permettait de joindre en un seul dossier ceux de Pélage et de Celestius que le pape avait séparés. A la suite du Concile carthaginois du 1er mai 418 et des discussions synodales romaines, en l'absence de Celestius en fuite et de Pélage demeuré en Palestine, Zozime publie en juin-juillet son *Epistola Tractoria* qui condamne Celestius et Pélage. Il reçoit l'appui du prêtre Sixtus (futur pape Sixte III) qui avait eu autrefois des sympathies pélagiennes. Augustin en profite pour lui écrire (Epist. 194, *CSEL*, 57, p. 176-214) comme il l'aurait fait près de Paulin de Nole, alors sollicité par Pélage. A la même époque, il achève le *De Gratia Christi et de Peccato originali*, à la demande d'Albine, Pinien et Mélanie, nobles romains établis en Palestine qui connaissaient Pélage et ses doctrines[55].

Que devient Pélage ? Expulsé de Palestine, il se rend naturellement à Antioche, où il a des sympathies chez le patriarche Alexandre. La mort d'Alexandre le conduit à comparaître devant un synode qui le fait expulser. Il se serait réfugié en Egypte. Le Concile d'Ephèse en 431 (IIIe œcuménique) le condamnera avec Julien d'Eclane et d'autres évêques. On ignore si Pélage y vint ; on ignore aussi la date de sa mort.

54. D'après *Dict. de spirit.*, XII, col. 2895-2898.
55. Sur tout cela, cf. *Dict. de spirit.*, t. XIII, col. 2898.

Celestius. — Intimement lié à Pélage qu'il rencontre à Rome en 390, Celestius appartient à une famille aristocratique et a exercé la profession d'avocat. En 399 il rencontre Rufin le Syrien et adhère à sa théologie du péché originel non transmissible. Venu à Carthage avec les réfugiés romains du Sac de Rome par Alaric, il postule le sacerdoce en 411, et provoque la réaction du diacre Paulin de Milan qui connaît ses positions. Un petit groupe d'évêques réunis en synode condamne Celestius. Ce synode, qui a lieu en septembre, se différencie de la conférence catholiques-donatistes qui avait eu lieu en juin. Celestius tout en quittant l'Afrique interjette appel à Rome. Il sera pourtant ordonné prêtre plus tard à Ephèse. En Palestine, son sort se confondra avec celui de Pélage ; ses œuvres seront aussi condamnées à Lydda. L'intervention des évêques africains les fait condamner de même par le pape Innocent Ier le 27 janvier 417. Ils sont excommuniés. Mais à la mort d'Innocent, Celestius soumet à Zozime, son successeur, un *Liber appellationis* et un *Libellus fidei* analogue à celui de Pélage. Par deux interventions auprès des évêques africains, Zozime leur demande de reconnaître que Celestius et Pélage n'ont été ni condamnés, ni « retranchés de la communion catholique ». Les Africains, Paulin de Milan et la Cour de Ravenne réagissent. C'est alors le rescrit d'Honorius qui les expulse de Rome et provoque la *Tractoria* de Zozime, en juin-juillet 418. Le sort de Pélage et celui de Celestius sont irrévocablement liés. Ayant en vain essayé d'obtenir audience près du successeur de Zozime, Célestin, le prêtre Celestius se réfugie à Constantinople près de Nestorius ; ayant pris parti pour celui-ci il est attaqué par Cyrille d'Alexandrie et expulsé par Théodose II de Constantinople. Le Concile d'Ephèse condamne en même temps Pélage et Celestius et le pélagianisme en général. Marius Mercator, qui a écrit leur histoire, fait mention de Celestius pour la dernière fois en 431. Les œuvres de Celestius, à l'exception d'une attribution plausible et de trois écrits problématiques, sont fragmentaires ou perdues[56]. *D'autres écrivains* ont présenté les thèses pélagiennes : outre Rufin le Syrien, déjà mentionné, Pélage et Celestius, dont il a été traité, Anianus, Fastidius et un auteur anonyme, ainsi que Julien d'Eclane dont il sera question plus loin.

La doctrine en cause. — Pélage n'est ni un mystique ni un théologien ; il n'accédera pas au sacerdoce et restera une trentaine d'années un *servus Dei*, c'est-à-dire un ascète vivant en laïc dans le monde. Soucieux de réforme morale, recherchant un christianisme exigeant contre les adhésions hâtives qui suivirent l'ère des persécutions et créant une vie chrétienne trop facile, il recrutera surtout dans la haute société pour son école de vertu. Cette orientation peut expliquer ce qui ressemblera, à Lydda surtout, à une dérobade ; il ne veut pas « perdre la face » devant ses disciples et peut-être selon le modèle stoïcien, s'abstraire des querelles du temps. Sa culture, en partie d'autodidacte, doit aussi le conduire à dédaigner l'opinion de « petits évêques africains ». Sa doctrine s'exprime dans ses *Commentaires de saint Paul* rédigés avant 410 et imprégnés de l'exégèse de Théodore[57]. Il faut y ajouter le *De Natura* et le *De Libero Arbitrio* que saint Augustin réfutera, ainsi que la *Lettre à Démétriade*, fille de l'aristocratie romaine, sa disciple qui va faire vœu de virginité en vivant sans sa famille[58]. Le principe fondamental de l'enseignement de Pélage est « la force et la qualité de la nature humaine : en la créant Dieu lui a donné intelligence et vigueur

56. D'après *Dict. de spirit.*, déjà cité, t. XII, col. 2893.
57. Cf. *supra*, la vie de Pélage. Notre texte s'inspire toujours du *Dict. de spirit.*, t. XII, col. 2923-2936 (A. Solignac) et du t. 21 de la Bibliographie Augustinienne, *La crise pélagienne*, I, Notes et commentaires.
58. On retrouvera Démétriade plus tard près du pape saint Léon.

d'esprit... qui lui font servir son Créateur volontairement et sans contrainte ». L'option que l'homme doit faire pour le bien ou le mal, qui engendrent remords ou joie, induisent à reconnaître en l'homme une orientation foncière vers le bien. La faute d'Adam est en quelque sorte « gommée » ; la mortalité humaine ne vient pas d'Adam, mais « dans la mesure où les hommes pèchent comme lui, ils meurent ». Pélage défend la thèse de la non-transmission du péché d'Adam. Même si elles prétendent stimuler l'ascèse et faire découvrir à l'homme ce qu'il a de bon, on ne peut nier que ces doctrines font fi de la réalité la plus quotidienne de la vie chrétienne. C'est une spiritualité pour les saints — et encore ! — fermée aux pécheurs. Le plus grave toutefois est qu'une telle théologie — Augustin y insistera — compromet le dogme de la Rédemption et l'enseignement le plus constant de saint Paul. Ainsi Rom. 5, 12-16, dans le parallèle Adam - Jésus-Christ l'apôtre proclame que « la grâce accordée à un seul homme Jésus-Christ, s'est répandue en abondance sur la multitude... C'est dans le Christ que nous avons tous, dans sa mort été baptisés » (*ibid.*, 6, 3-4). Augustin n'eut pas de peine dans le *De Peccatorum meritis et remissionne*, de renvoyer aux textes de saint Paul qui définissaient les effets de la grâce et justifiaient, pour la tradition chrétienne, le baptême des petits enfants. L'évêque d'Hippone estimait avoir écrit là une véritable somme de la condition humaine.

Mais Pélage professait une doctrine de la grâce appuyée aussi sur saint Paul[59], comme l'indique le *Commentaire* dont il est l'auteur : « La grâce du baptême ne se réduit pas à la rémission des péchés ; elle opère en outre une complète restauration de la

59. Cf. *DS*, t. XII, col. 2929-2930 et aussi BA, t. 21, les Notes complémentaires au *De Natura et Gratia*, n. 31 et 32, p. 601-605 et 616, 618, qui montrent certaines faiblesses de la conception assez rigide d'Augustin.

capacité originelle de l'homme... Le péché habite chez l'homme comme un hôte et un étranger... Celui qui reçoit dignement le baptême en *s'accordant par sa conversion* personnelle à la signification et au "mystère" des rites accomplis, ne connaît plus la concupiscence car celle-ci tient à la chair et non à l'âme. » Pélage s'appuie pour cela sur Gal. 5, 23-24. Très habilement Pélage avait affirmé à Lydda qu'il reconnaissait le rôle de la grâce de Dieu, mais Augustin pourra lui reprocher de réduire la grâce au don du libre arbitre et l'extrait de son *Commentaire* cité plus haut montre bien que, pour Pélage, la grâce est associée à l'action de l'homme, alors que pour Augustin, et il en avait fait l'expérience lors de sa conversion, le rôle de la grâce est premier et ne suit pas la décision de l'homme. Pélage avait tort de parler de « possibilité naturelle », de faculté innée (la liberté) et inséparable, de sainteté originelle (Lettre à Démétriade), alors que ces dons sont ceux du Créateur, mais surtout des effets de l'Incarnation et de la Rédemption du Christ. Mais si, pour Pélage, le péché originel est une « fiction », la conception d'Augustin en est par trop rigoureuse et implacable. Depuis le péché d'Adam, les hommes sont tous « enfants de la colère ». Même pour les petits enfants, qui ne naissent pas innocents, non en vertu d'une faute personnelle, mais parce qu'ils héritent d'Adam, seul le baptême reçu en Jésus-Christ peut leur procurer le salut. Cette sévérité soulèvera des objections et le canon du Concile de 418 à Carthage affirmant que la seule issue pour les non-baptisés était l'enfer ne sera pas approuvé par Rome[60]. En fait, la pratique de l'Eglise se refusera à cette condamnation des enfants morts sans baptême et des adultes non baptisés et de bonne foi. On s'ache-

60. Après des siècles de discussion, le pape Pie IX dans son encyclique de 1863, *Quanto Conficiamur*, affirme : « Ceux qui mènent une vie honnête peuvent par la lumière divine et la vertu de la grâce obtenir la vie éternelle... »

minera peu à peu vers la conception des Limbes, sorte de solution de miséricorde intermédiaire, comme le sera aussi, pour d'autres raisons, le Purgatoire.

De quelques aspects particuliers. — Pélage, nous le savons, veut former des chrétiens authentiques ; ils doivent dépasser *(Lettre à Démétriade)* les philosophes comme les saints de l'Ancienne Alliance. L'Eglise doit être sans tache ni rides. Il a précisé à Lydda que la sainteté de l'Eglise était d'abord l'idéal exigé par le baptême. La revendication des pélagiens à être l' « Eglise des purs » n'est pas celle des donatistes car ils n'ont jamais voulu se séparer de l'Eglise institutionnelle. Leurs appels à Rome et aux Conciles indiquent assez les sentiments qui les animent. Augustin, qui se place plus au niveau de la pastorale que de la vie monastique, sachant par expérience que l'Eglise ne contient pas que des saints, se méfie d'une théologie limitée aux seuls parfaits, qui de surcroît ne repose pas sur des fondements traditionnels.

Les fins dernières. — La perspective du jugement, qui récompensera à la fin des temps les bons et punira les méchants, est un ressort essentiel de l'engagement chrétien. La punition des pécheurs est définitive. S'appuyant sur Mat. 25, 46, Pélage déclara à Lydda que professer l'opinion contraire serait être origéniste. Les damnés ne peuvent être soustraits, après un certain temps, à la peine éternelle (apocatastase). Pélage ramenant tout péché à l'orgueil, Augustin lui rétorquait : « Beaucoup de fautes sont le fait d'hommes ignorants, faibles, et souvent d'hommes qui pleurent et qui gémissent. »[61] En fait, la théologie des fins dernières (l'eschatologie) de Pélage, rigoureuse à l'extrême, ne laisse guère qu'à une élite l'espérance du salut. Pélage restreint

61. *De Natura et Gratia*, 29, 33.

ainsi la volonté universelle de salut de la part de Dieu. *Le Commentaire de saint Paul*, base de sa théologie — il y en aurait eu deux éditions du vivant de l'auteur — cherche à interpréter certaines formules, celles du parallèle du Christ avec Adam, celles qui soutiennent l'idée de péché ou de péché originel, pour les rendre acceptables, ce qu'Augustin ne peut accepter. Mais les textes révélés touchant le petit nombre des élus reçoivent toute son adhésion. Avancer que Pélage lisait une version différente de celle d'Augustin est possible ; il aurait lu la *Vetus Italica* plutôt que la Vulgate de saint Jérôme est plausible[62]. Mais le détail de quelques mots ne change pas toujours le sens. Pélage introduisait plutôt une pensée philosophique, stoïcienne sans doute, différente du donné révélé.

La seconde génération du pélagianisme : Julien d'Eclane. — Julien d'Eclane sera le dernier adversaire d'Augustin et l'objet d'un dernier ouvrage polémique qu'il n'achèvera pas : *Contra Julianum opus imperfectum !* Né en Campanie, au sud de Rome, il avait pour père un évêque, appelé Mémor, qui était à la tête d'un petit diocèse dont le nom est perdu, mais qui devait être un proche de Paulin, évêque de Nole. La mère de Julien était de noble famille. Paulin correspondait avec Augustin, ce qui autorisa Mémor à lui demander par cet intermédiaire un exemplaire du *Traité sur la musique*, pour son fils dont l'avenir était prometteur. Augustin répondit aimablement et envoya le seul exemplaire qui lui restait : le tome VI du *De Musica* (*Révisions,* I ; XI ; dans BA, n. 19, p. 569). En 403, le jeune homme épousa Tia ou Titia, fille de l'évêque de Bénévent. Le beau-père célébra

62. Cf. dans *Rech. S. Rel.*, juin 1958, c. r. de T. Bohlin, *Die Theologie des Pelagius und ihre Genesis*, et *Rev. Hist. Eccl.*, LIX, p. 84-85 ; Plinval, *Le problème des versions pélagiennes du texte de saint Paul.*

le mariage et Paulin de Nole composa un épithalame. Trois ans après l'évêque de Bénévent l'ordonne diacre. Il voyage, se rend à Carthage, mais ne rencontre pas Augustin. A son retour, le pape Innocent Ier le sacre évêque d'Eclane en Campanie[63], sans doute en 416. Ce pape devait connaître sa famille. En Campanie, le style de vie est grec ; c'est la Grande Grèce et l'on parle grec et non latin à Naples. Le clergé suit les coutumes grecques qui n'interdit pas le mariage des clercs, discipline qui se modifiera au Concile de Trullo de 692[64].

Tant que le pape Innocent vécut, Julien ne prit pas parti pour Pélage, qu'il aurait peut-être rencontré à Rome antérieurement. Mais lorsque le pape Zozime, après avoir « blanchi » Pélage et Celestius, édicta contre eux la fameuse *Tractoria*, qui les condamnait, il prit une position radicale. Est-ce parce qu'il connaissait le poids des évêques africains, celui d'Augustin en particulier sur la décision du pape, ou en raison de sa situation personnelle que Julien s'acharna à polémiquer contre l'évêque d'Hippone ? Sa polémique sera presque exclusivement orientée sur la « concupiscence de la chair » et le péché originel. Nous n'avons pas de détails sur la vie conjugale de Julien dont Augustin déclare qu'il embrassa la continence. Les textes de la polémique suggéreraient plutôt le contraire.

Du moment où il refuse la *Tractoria* et où il ne

63. *Aeclanum*, Eclane, petite localité disparue, dont on a trouvé des vestiges, était située sur la voie Appienne à mi-chemin entre Rome et Brindisi, située près de l'actuelle Mirabella. Saint Jérôme appelait *campenses* les partisans de Julien d'Eclane, soit en raison du lieu de leur réunion, le « Campus », soit parce qu'ils étaient de Campanie.

64. Ce concile n'autorisa plus le mariage des évêques, mais laissa subsister celui des prêtres, ce que pratiquent certaines églises rattachées à Rome, comme le Liban. Rome aurait peu à peu imposé le célibat en latinisant tout le sud de la péninsule. Au temps d'Augustin, les conciles africains « demandent aux fils d'évêques et de clercs de n'épouser ni païennes ni hérétiques » (*Breviarium Hipponense*, c. 12, éd. Munier, CC 149, 37, *in* A. G. Hamman, p. 93 et 418).

réussit pas à entraîner les 18 évêques de Campanie, Julien va mener une vie errante. En 419, sa résistance lui vaudra la perte perpétuelle de l'épiscopat. Il se rendra en Cilicie (Turquie d'Asie, où il composera des œuvres exégétiques qui ne sont pas sans valeur[65]. Puis il cherchera appui près du Patriarche de Constantinople Nestorius. Le Concile d'Ephèse (431) l'ayant déposé, Julien et ses partisans essaient à nouveau un retour en grâce près du pape Sixte, sans succès. Julien dut mourir vers 443.

Tous s'accordent pour attribuer à Julien de grands talents de polémiste : Augustin trouvait en quelque sorte un adversaire à sa hauteur. Il s'appliqua cependant en lisant attentivement les ouvrages qu'il composait contre lui à signaler chaque fois les suppressions, les interversions qui donnaient à son propre texte un sens inadmissible. L'affaire est patente dans l'ouvrage *Ad Florum* de Julien où citant des textes d'Augustin, *De Nuptiis et Concupiscentia (Du mariage et de la concupiscence)* écrit en 418 il en a faussé le texte. Celui-ci le fait nettement apparaître dans le *Livre inachevé contre Julien*[66].

Celui-ci s'en est pris au point faible des écrits polémiques d'Augustin contre le pélagianisme, sur le péché originel, sur la liberté et sur la grâce. La concupiscence de la chair et l'union conjugale vont faire les frais d'une polémique qui se voudra originale. Notons que Julien ignore le traité qu'Augustin composa en 401 : *De Bono Conjugali (Du Bien conjugal)*. Dans cet ouvrage qui répond aux outrances de Jovinien sur la chasteté, Augustin déclare : « Ce qu'est la nourriture pour le salut de l'homme, l'union charnelle l'est pour le salut de l'espèce. L'une et l'autre

65. Un *Commentaire* du Cantique, des travaux sur Osée, Joël, Amos. Le travail sur Osée fait de Julien un des meilleurs écrivains de son temps proche des idées de Théodore de Mopsueste.

66. Voir le détail de ces sollicitations de textes dans BA, t. 23, note complémentaire 18, p. 725-727.

ne vont pas sans plaisir charnel qui ne peut pas être une passion, s'il est mesuré, refréné par la tempérance et ramené à son usage naturel. » Il ajoute : « Je me suis exprimé de la sorte parce que l'usage droit et bon de la passion n'est pas une passion. » Augustin s'exprime ainsi à la fin de sa vie, dans les *Révisions* (II, chap. 23), où il ajoute qu'il a traité plus soigneusement ailleurs de la question, surtout contre les nouveaux hérétiques, les pélagiens.

Peu importe à Julien qui ne veut voir dans Augustin qu'un manichéen impénitent, mal converti[67]. La raison en est que le mariage, plutôt l'union conjugale, serait pour Augustin le mode de transmission du péché originel ; bloqué sur cette position qu'il croit manichéenne, Julien se fait le défenseur de la *libido concupiscentiae*. Mais, la *concupiscentia* n'a pas le même sens qu'Augustin lui donne. Pour Julien, il recouvre tout, le péché comme le désir normal et la « notion jamais parfaitement élaborée par Augustin est volontairement obscurcie chez Julien »[68]. Pour lui, alors que Pélage prônait la continence, il n'y a pas de sensualité blâmable et celle-ci s'exercera normalement dans le mariage. Ses écrits polémiques tournent à *une apologie de la volupté*. Tout au contraire, à partir de saint Paul et de sa propre expérience, Augustin décèle à l'intérieur de la vie conjugale une concupiscence difficile à éliminer. Selon Julien, mal ou concupiscence seraient pour Augustin l'œuvre d'un « démon » mauvais qui n'aurait pas place dans le plan du créateur. L'intention est manifeste de créditer

67. Le reproche lui sera fait tout au long des Temps modernes. A preuve cet ouvrage exaspérant, *Le Dieu pervers*, Paris, 1987, p. 175 (de Maurice Bellet) qui reproche à Augustin de revivre en Jansénius. Encore faudrait-il que Jansénius l'ait exactement compris, ce qui n'est pas la faute d'Augustin. Dans le même livre (p. 155) un règlement de comptes envers saint Paul qui vaut exécution définitive. Où donc, pour ces gens-là, se situe la Révélation dont la règle ultime n'est pas la psychanalyse.

68. Michel Meslin, Sainteté et mariage dans la seconde querelle pélagienne, *Etudes carmélitaines*, 1952, p. 293-307.

Augustin d'une position manichéenne. Il est dommage qu'une telle polémique lassante et répétitive ait occupé les dernières années d'Augustin et l'ait empêché d'affiner ses positions. Certains textes de cette période sont clairs. Outre celui déjà cité des *Révisions*, signalons celui qui relate le livre *Des noces et de la concupiscence* (*Révis.*, II, chap. 53) : « Nous y défendons la bonté des noces, pour ne pas laisser croire qu'elles sont viciées par la concupiscence et par la loi des membres qui s'oppose à la loi de l'esprit ; car la chasteté conjugale use en bien, pour la procréation des enfants, du mal de la passion. » Augustin l'envoie au comte Valère qui lui avait fait parvenir des extraits d'un pamphlet où Julien déformait sa pensée[69].

Est-ce cette déformation qui, à travers un *Augustinus* plutôt mal compris, incitait Mère de Sainte-Thécle, abbesse de Port-Royal, d'écrire à son neveu Racine une lettre terrible contre « l'état vil du mariage ». Cette fois le contradicteur d'Augustin se substituait à Augustin lui-même.

On a beau dire que l'histoire ne se répète pas ; dans l'histoire des idées il n'en est peut-être pas de même. Les problèmes réapparaissent quelque solution qu'on leur ait donné ; ils changent d'expression seulement. Et ceux qui lisent les textes à leur guise finissent par les défigurer et par méconnaître, si précises qu'elles aient été, les intentions de l'auteur et par le défigurer lui-même. Pour ce qui est d'Augustin, l'influence qu'exercera sa pensée au long des siècles connaîtra les vicissitudes de l'Histoire.

69. C'était peu de déformer la pensée n'eussent été les insultes : voir un exemple qui fut pénible à Augustin, cf. plus bas, p. 82. Mais Julien qui avait rencontré, lors d'un voyage à Carthage Honoratus, un ancien ami d'Augustin qui était manichéen et se préparait à entrer dans l'Eglise catholique, se servit de cette rencontre pour attaquer Augustin, le taxant de manichéisme. Celui-ci n'eut pas de mal à répondre qu'ayant depuis longtemps renoncé au manichéisme il en savait là-dessus bien plus que son adversaire. Cf. références BA, 17, p. 13, n. 6.

DEUXIÈME PARTIE

L'AUGUSTINISME

I. — Philosophie et/ou Théologie

L'influence de saint Augustin sur la pensée occidentale est considérable. On lui doit les siècles de renouveau intellectuel : la renaissance carolingienne avec Alcuin et Raban Maur ; le siècle d'or du Moyen Age avec Bonaventure et Thomas d'Aquin, le XVIIe siècle français où la redécouverte de la pensée d'Augustin en fera un siècle « augustinien » ; enfin la pensée allemande du XIXe et celle de notre siècle ne cesseront d'en ressusciter l'intérêt. Il ne saurait être question ici que d'un survol *per summa capita*, par les traits essentiels d'un telle évolution des doctrines, laissant au lecteur le soin d'approfondir tel ou tel aspect qui lui conviendrait davantage.

Une pensée nourrie de philosophie. — Un spécialiste l'a fait très justement remarquer : « Un caractère spécifique du génie augustinien (est) de se refuser aux distinctions trop nettes : il n'est pas toujours facile chez lui de savoir où s'arrête la philosophie et où commence la théologie. »[1] Les *Dialogues* de Cassiciacum composés et écrits de 386 à 387 qui

1. Henri-I. Marrou, *Saint Augustin et l'augustinisme*, p. 56.

forment une étape importante de sa vie[2] donnent la mesure du génie philosophique d'Augustin. Ils donnent les repères et les fondements d'une pensée qui ne cessera de progresser. Il faut en effet retenir deux choses importantes pour aborder les textes d'Augustin : sa pensée est toujours en recherche et les *Révisions*, à la fin de sa vie, indiquent assez quel est son souci d'exactitude dans l'expression de cette recherche. En second lieu, et c'est peut-être le plus important, l'œuvre d'Augustin est indemne d'esprit de système. A l'égal des grands philosophes il suscite l'exercice de la pensée chez ceux qui le lisent, même chez ceux qui ne le suivent pas complètement. Pensée intuitive, la pensée d'Augustin s'accorde naturellement à celle de Platon et de Plotin et beaucoup moins à celle d'Aristote dont il avait pourtant lu et appris les *Catégories* quand il était étudiant à Carthage.

Les *Dialogues* annoncent déjà les thèmes majeurs qui interviendront tout au long de l'œuvre : la Raison et la Vérité, la Bonté et la Beauté qui mènent à Dieu ; Bonté, Vérité et Beauté dominant tout le créé. C'est le premier dialogue qui traite de la Vérité. Il l'expliquera plus tard dans les *Révisions* : « Ces arguments (des Académiciens) m'avaient ému et je voulais les éloigner de mon esprit par des raisons aussi solides que possible. » Il renvoie les lecteurs à cet ouvrage qui donnait l'essentiel de sa pensée sur la Vérité. Le *De Beata Vita* amène Augustin et ses élèves à la conclusion : « Il n'y a pas de vie heureuse en dehors de la parfaite connaissance de Dieu... » Il y a là une autre base philosophique de la théologie d'Augustin : la Béatitude comme ressort de la recherche théologique et comme son but ultime[3]. Du temps où Augustin était sous l'emprise manichéenne, le problème du

2. Déjà mentionnés plus haut, p. 39-42.

3. Sur ce point capital, cf. E. Gilson, *Introduction à l'étude de saint Augustin*, éd. 1941, chap. I, « La béatitude », p. 1 à 10.

mal s'est posé à lui : il ne lâchera pas et pourtant le *De Ordine* proposait la solution : le mal n'a pas d'être, de réalité à part. Il est avant tout privation. A Cassiciacum il voit dans le mal la dispersion et la fin du mal dans « le retour à l'Un ». Il affirme : « Faire en soi l'unité c'est la condition indispensable pour qui veut saisir l'unité et la beauté du Monde. »[4]

Au temps de Cassiciacum, Augustin concevait encore les rapports de l'âme et du corps à la manière de Platon : l'âme est dans le corps comme « le gouvernail dans le navire ». Plus tard, il réagira vivement contre « la fuite hors du corps » prônée par Porphyre. Un chrétien qui croit à l'Incarnation n'a pas à rougir du corps[5].

Les traités *Contre* ou *Sur* les *Académiciens*, celui *De la Vie heureuse* furent composés presque en même temps (*Révisions*, I, 1, 2, 3) avec le concours des élèves dialoguant sous la direction de leur maître. Il n'en va pas tout à fait de même avec les *Soliloques* dont Augustin dira que ces deux volumes, « dictés par mon zèle et mon amour pour la recherche de la vérité », furent écrits « sur les choses que je désirais pardessus tout connaître » (*Rév*., I, 4). Le dialogue, inachevé, traite sur la fin de l'*Immortalité de l'âme*, thème dont il fera plus tard (387) un livre entier qui précède le *De Musica*. Avec les *Soliloques* se terminent les dialogues de Cassiciacum, car le *De Magistro* achevé à Thagaste en 389 peut être considéré comme le dernier des ouvrages philosophiques proprement dits d'Augustin. Le Maître intérieur est déjà le Verbe qui parle au cœur fidèle pour lui découvrir la Vérité.

Les *Soliloques* annoncent déjà ce thème : la prière

4. R. Jolivet, Introduction au *De Beatitudine*, BA, IV, p. 297, à rapprocher des *Confessions*, VII, 17, 23.

5. Cf. *De Civit. Dei*, liv. XXII (XXIV), 4, célèbre la beauté du corps humain puis, n. 5, de la Création tout entière, enfin le chap. XXV célébrant les biens de l'âme et la Résurrection, réfute Porphyre. La lecture de ces textes discrédite l'idée de « pessimisme augustinien ».

s'adresse à Dieu « Père de la Vérité, Père de la Sagesse, de la vie véritable et suprême, Père du Bon et du Beau, Père de la Lumière intelligible, Père de notre réveil et de notre *Illumination* »[6]. Ce dernier terme annonce le thème majeur de la Connaissance dans la pensée d'Augustin. Il ne s'agit point pour lui d'une cause extérieure de la connaissance. C'est à l'intérieur que la raison illumine l'âme, mais l'âme n'est pas seule dans sa recherche de la Vérité divine. Dieu, qui la guide, la mène vers Lui[7].

Il faudrait signaler dans l'œuvre philosophique d'Augustin les livres célèbres des *Confessions*, X à XIII, où il traite du *Temps*, de la *Mémoire*, de la *Création*, de la *Conversion* de la conception augustinienne *de l'Amour*. « Augustin a reçu de Plotin la doctrine de la conversion et de l'illumination de l'âme... mais ici encore la révélation chrétienne fait éclater le cadre de la métaphysique plotinienne. Il n'est pas question chez Plotin de l'appel du Verbe à la créature pour qu'elle se tourne vers lui. Au contraire pour Augustin, le rapport de l'âme au Verbe est posé d'emblée en *termes personnels*... »[8] Ces remarques notent bien la distance qui sépare chez Augustin le temps de la pure philosophie à laquelle, même après sa conversion, il eût consacré sa vie et la réflexion proprement théologique que les *Confessions* expriment surtout dans ces livres qui furent écrits après les neuf premiers, vers 400-401. Augustin a déjà écrit des œuvres de controverse contre les manichéens et des ouvrages de catéchèse sur la religion chrétienne, les *Commentaires sur saint Paul* (394-395) et déjà le premier *Commentaire* (inachevé) sur la *Genèse* (393 à 426) l'ont fait passer presque

6. *Soliloques*, liv. I, I, 2.

7. Le thème du « Maître intérieur » est familier à l'oratorien augustinien Malebranche, mais avec une connotion particulière.

8. A. Solignac, Notes complémentaires, liv. XIII des *Confessions*, BA, t. 14, p. 615.

insensiblement du domaine de la philosophie à celui de la théologie où son influence dépassera les limites de l'Afrique et, après sa mort, les bornes du temps.

II. — La théologie proprement dite et son influence

S'il est possible de déterminer l'influence qui s'est exercée sur une pensée, surtout lorsque celui qui la professe n'en fait pas mystère, et c'est le cas d'Augustin reconnaissant sa dette envers Plotin, il est plus difficile de mesurer en quoi une philosophie peut se dire chrétienne intégrant l'apport de la philosophie grecque, comme le faisait le Moyen Age[9].

S'il y a des présupposés philosophiques, comme l'on vient de le montrer, à la théologie d'Augustin, il existe aussi un effet de retour. Le dénotent maint passage des grandes œuvres théologiques : les derniers livres des *Confessions* et certains textes du *De Trinitate*. Aussi peut-on dire qu'à travers son œuvre qui a influé sur la théologie chrétienne, « Augustin a modelé pendant des siècles la pensée occidentale »[10]. Car, avant que la théologie disserte sur Dieu, il faut croire à son existence ; avant d'accepter la doctrine de la rétribution finale, il faut avoir admis l'immortalité de l'âme, la responsabilité, le mérite. Ces vérités ne deviennent plénières que sous l'influence de la foi et, pour Augustin, de la grâce. Il arrivera pourtant que certaines de ces vérités détachées de la foi et appréhendées sous la seule lumière de la raison fassent partie du patrimoine commun de l'Occident.

On l'a fait remarquer[11] : la théologie n'est pas un

9. Cf. J. Guitton, *Le temps et l'éternité chez Plotin et saint Augustin*, éd. de 1959, surtout la Conclusion, p. 390-407.

10. Développement inspiré de J. Guitton, *Le temps et l'éternité chez Plotin et saint Augustin* déjà cité ici, conclusion, p. 390-407 ; signalons une très belle citation de Cournot à la p. 399.

11. Cf. J. Guitton, *op. cit.*, p. 396.

système ; elle ne transmet pas seulement des idées qui seraient alors le privilège d'une élite. Elle transmet surtout la connaissance des faits par lesquels Dieu se manifeste et se révèle. L'Incarnation est d'abord crue et vécue avant d'être connue dans le Verbe. Les petits, les humbles accèdent à la foi dans les faits, objet de leur croyance et par la pratique de leur vie. Augustin étant passé en quelques années de l'état de néophyte à celui de pasteur d'âme se trouve devant une mission redoutable : transmettre à tous ses fidèles la foi catholique et les faire vivre d'elle. Ces sermons (il en reste encore près de 500) témoignent de ce souci, pour lui, premier. La polémique avec Donat, Pélage ou Julien d'Eclane n'est que la partie émergée de l'iceberg ; la profondeur de sa pensée comme son souci pastoral se manifestent ailleurs.

Ses grandes œuvres visent à pérenniser, en les ordonnant, les tendances majeures et le contenu de sa foi, de sa théologie : les *Confessions* proclament la puissance, la grâce et sa reconnaissance envers Dieu ; le *De Trinitate* achève ce que d'autres, notamment saint Hilaire, ont dit de ce mystère et conduit à une adhésion mieux vécue. Les siècles suivants y puiseront une approche pour mieux saisir la profondeur d'un mystère essentiel pour le croyant. Le traité de *La Cité de Dieu*, écrit à la demande du tribun Marcellinus et dont l'occasion est la prise de Rome par Alaric en 410, veut répondre aux scandales que provoque ce fait et donner une vue exacte du dogme de la Providence.

Pourtant, si les dernières années d'Augustin avaient été assombries par la querelle avec Julien d'Eclane, le dernier chef de file des pélagiens, il avait eu affaire aussi, avec plus de courtoisie, aux Moines d'Hadrumète (Sousse)[12] et avec les communautés de Provence,

12. *Aux Moines d'Hadrumète :* quatre traités datés de 425, 426 et 429, dans BA, 24.

de Lérins et de Saint-Victor de Marseille dont l'abbé, Cassien, venait d'Orient, où cette affaire de pélagianisme semblait moins pressante qu'en Occident. Ce qui était en cause et suscitait contradiction était bien sûr la conception d'Augustin sur la souveraineté de la grâce et par contrecoup sa présentation de la *Prédestination.* L'évêque d'Hippone se réfugiait derrière saint Paul (Rom., IX, 20 ; XI, 34) dans le mystère de la conduite de Dieu : « Faut-il nier ce qui est manifeste parce qu'on ne peut comprendre ce qui est caché ?... déclarer qu'une chose n'est pas telle que nous la voyons, sous prétexte que nous ne pouvons découvrir pourquoi elle est ce qu'elle est. »[13]

L'augustinisme enseignait que Dieu opère en nous le vouloir, le pouvoir et le faire dans l'ordre du salut. Mais ce qui inquiétait à bon droit les Provençaux, et Hilaire en fait une des requêtes principales de sa lettre à Augustin c'est le rôle de la liberté. Est-elle ou non occultée par l'action de la grâce ? La réflexion des moines, plus morale que métaphysique, les inclinait à des accommodements qu'on appellera, improprement, le semi-pélagianisme.

Le Concile d'Ephèse en 431, tenu après la mort d'Augustin et auquel il n'avait pu assister, avait non seulement condamné le pélagianisme mais exalté l'œuvre de l'évêque d'Hippone. « Une lettre apostolique aux évêques de Gaule » déclare qu'aucun soupçon n'entache son œuvre et que le pape (Célestin Ier) le compte « parmi les meilleurs Maîtres tant pour lui que pour ses successeurs »[14].

Il ne semble pas que le mouvement des moines de Provence se soit arrêté là. Lérins fut, au témoignage de l'historien Plinval, une pépinière d'évêques de 430

13. *De Dono Perseverantiae*, XIV, 37. Ce livre et le suivant sur la *Prédestination des saints* s'adressaient à Prosper d'Aquitaine, qui pour lors résidait à Marseille et à Hilaire qui avait vécu quelque temps à Hippone. L'un et l'autre sollicitaient des arguments pour défendre les thèses d'Augustin.

14. *Enchiridion* de Denzinger-Schönmetzer, n° 237.

à 480, pour le midi de la Gaule. Ils y étaient formés dans un esprit de défiance envers l'augustinisme. Césaire, évêque d'Arles[15] et lui-même fondateur de monastères, suscita un Concile à Orange en 529 pour trancher de ces questions. Césaire avait fait préparer à Valence, dont il était absent pour cause de maladie, un recueil dogmatique des plus complets sur la doctrine d'Augustin. Il fut soumis à Rome et l'on y ajouta une série de maximes que Prosper avait relevées dans l'œuvre d'Augustin. Peu après ces préliminaires, Césaire prononça à Orange une déclaration solennelle, « sans s'inquiéter des opposants qui s'abstinrent de paraître ». On ne condamna personne car Rome « ne voulait pas engager son autorité sur des questions trop profondes et trop difficiles », mais son intervention dans l'acceptation des textes d'Augustin leur donnait autorité doctrinale. Huit canons du Concile étaient extraits d'Augustin ou le suivaient ; seize propositions étaient tirées des *Sententiae* de Prosper[16]. Un développement, *in fine*, traitait de la Prédestination. Césaire, dont on peut dire que ce Concile fut l'œuvre, reprend les expressions les plus catégoriques d'Augustin sur la priorité, l'efficacité et la nécessité de la grâce de Dieu, mais il professe plus nettement qu'Augustin que, par le baptême, l'homme recouvre l'usage de son libre arbitre, le pouvoir d'acquérir des mérites, toujours avec l'aide de Dieu. Tout cet effort et les textes qui en étaient issus furent approuvés par le pape Boniface II, « d'autant plus volontiers que la doctrine d'Augustin était depuis longtemps connue à Rome ». Ainsi, ce qui fut proclamé au Concile d'Orange devint, pour les siècles, l'expression de la foi catholique. Aucune dis-

15. Cf. G. de Plinval, *Histoire de l'Eglise* (Fliche & Martin, IV, 411-419).
16. *Enchiridion* de Denzinger-Schönmetzer, n° 70-397. Le concile commencé sous Félix IV, Boniface encore archidiacre, s'achève sous le pontificat du nouveau pape Boniface II qui l'approuve.

cussion, aucune décision touchant les problèmes de la grâce, n'omettra d'y faire référence.

Des siècles dits barbares à la Renaissance carolingienne. — Le Concile d'Orange montre suffisamment l'influence de la pensée théologique d'Augustin ; ses œuvres sont connues, recopiées et conservées dans les monastères. Par ces œuvres le platonisme, tel qu'Augustin l'avait connu, se transmettait en Occident. Mais, mieux encore, les pasteurs de l'Eglise se référaient au pasteur d'Hippone : Césaire d'Arles (470-543), le pape saint Léon (390-461), saint Grégoire le Grand (540 à 604), saint Isidore de Séville (570-636) qui fonda des écoles et dont les trois livres des *Sentences*, le premier surtout, s'inspire de saint Augustin et de saint Grégoire.

Avec l'empire de Charlemagne (771-814), et surtout avec Alcuin (vers 735-804), la vie intellectuelle sort des cloîtres pour former des dirigeants de la Cité. De cette époque date l'utilisation de *La Cité de Dieu* d'Augustin, comme fondement de l'unité de la Cité terrestre, dans une unité politique préfigurant l'unité céleste du Royaume à venir[17]. Il n'est pas douteux que cette interprétation aggravait et méconnaissait la vraie pensée d'Augustin. De plus, les temps avaient changé et la société de l'Antiquité tardive où vivait l'évêque d'Hippone n'était en rien semblable au monde qui naissait autour de la volonté unificatrice de Charlemagne. Après les invasions barbares suivies d'une paix parfois précaire, il fallait refaire le tissu culturel de l'Occident. Les monastères, on l'a vu, s'y employaient. A la tête de ces ins-

17. On en retrouve l'expression dans les Livres *Carolins* dont Charlemagne aurait revu la préface ; attribué à Alcuin, ils sont de Théodulfe d'Orléans (*Catholicisme*, II, 587 (avec bibliogr.) (art. Théodulphe du *Dictionnaire de spiritualité* par P. Riché)). Ils contenaient une attaque injustifiée contre l'Eglise d'Orient. Le pape Adrien Ier les désapprouva et ils furent mis à l'Index du XVIe siècle au début du XXe.

titutions se trouvaient souvent des hommes de grande valeur : Alcuin, un Anglais, formé à l'école cathédrale d'York que Charlemagne prit pour conseiller vers l'an 800. Il fonda une Académie palatine et peut-être réforma pour l'écriture des manuscrits, l'onciale carolingienne. Il dressa le programme des études : *trivium* et *quadrivium* qui furent en usage tout le Moyen Age. Il écrivit de nombreux ouvrages : son *De Trinitate* est en grande partie tiré de saint Augustin. Comme il n'était pas un penseur original, il empruntait ainsi aux devanciers. Son disciple, Raban Maur (vers 776-856), préoccupé de la détresse intellectuelle de son temps écrira un manuel de discipline ecclésiastique où il transcrit tout un chapitre du *De Catéchisandis Rudibus* (comment catéchiser les simples) qu'il emprunte à saint Augustin. On pourrait multiplier les exemples ; ceux-là sont révélateurs. Alcuin mourut bien avant Charlemagne, le 19 mai 804, abbé de Saint-Martin de Tours. Son influence resta considérable.

Du IXe au XIIIe siècle. — Saint Augustin est sans conteste le plus grand des « Pères latins » et son influence, manifestée ou explicite, s'étend à tous les théologiens du Moyen Age. Toutefois, « avoir reconnu l'influence de saint Augustin sur telle doctrine d'un auteur médiéval ne permet pas de déduire ses positions sur d'autres sujets, apparemment aussi essentiels d'un point de vue "augustinien" ; dans le monde franciscain, où il fait figure de "Docteur de l'Illumination", il n'agit pas comme "Docteur de la Grâce" »...[18] Signalons la position particulière d'un moine d'Orbais qui outrait les thèses d'Augustin sur la *Prédestination*[19]. Gottechalk ou Godescalc fut

18. Paul Vignaux, Rapport au Congrès Augustinien de 1954, *Communications*, t. III, p. 265.

19. Ce personnage intéressant l'histoire de la *Prédestination* sera traité dans un ouvrage en préparation.

sévèrement condamné, sous l'influence d'Hincmar, archevêque de Reims, à finir sa vie dans un *in pace* de l'abbaye d'Hautviller. Godescalc intéressa les jansénistes du XVIIe siècle qui rééditèrent ses œuvres.

Les Victorins. — L'abbaye de Saint-Victor, alors aux portes de Paris, fut fondée par Guillaume de Champeaux en 1108. En ce début du XIIe siècle l'enseignement s'oriente vers la scolastique, ce qui explique les affrontements d'Abélard avec Guillaume de Champeaux puis avec saint Bernard. A Saint-Victor les *chanoines* observent la règle de saint Augustin et l'abbaye devient vite une pépinière d'augustiniens, parmi lesquels il faut compter Hugues et Richard de Saint-Victor, l'un d'origine saxonne et l'autre écossaise. Quand on les traite de mystiques, il faut entendre que leur pensée faisait une grande part au symbolisme, ou en ce qui concerne l'étude des choses divines à la contemplation, ce qui est bien augustinien. Mais pour ces victorins la remarque de Paul Vignaux, citée plus haut est de règle[20]. Bernard de Clairvaux fut ordonné prêtre par Guillaume le fondateur de Saint-Victor. Ce contact permettra à Bernard qui n'avait pas « étudié aux écoles » de connaître mieux la culture de son temps.

Henri-Irénée Marrou a fait remarquer que saint Augustin a inspiré les premiers grands théologiens de ce temps aussi bien saint Anselme et Abélard que leurs adversaires, de saint Pierre Damien à saint Bernard. Aucun d'eux ne pouvait les ignorer et cette influence se traduit parfois dans les titres de leurs œuvres. Ainsi le problème de la concordance entre la prescience de Dieu et la prédestination occupait l'esprit de saint Anselme à la fin de sa vie en 1109.

C'est aussi l'époque où de nombreuses communautés de chanoines, distincts des moines et vivant

20. Cf. aussi M. D. Chenu, *La théologie au XIIe siècle*, Paris, Vrin, 1966.

sous l'autorité des évêques, voient le jour. Saint-Victor inaugure cette forme de vie que prendront bientôt les frères dominicains. La faveur dont jouit saint Augustin à cette époque lui fait attribuer par les copistes nombre d'œuvres apocryphes : l'*Hypomnesticon contra pelagianos* appelé encore *Hypognosticon*, cité encore au XVIIe siècle, et environ 317 sermons apocryphes. Erasme qui éditera les œuvres de saint Augustin au XVIe siècle exercera sur cette œuvre un tri sévère[21].

Du XIIIe au XVIe : de la scolastique à la réforme. — L'enseignement des écoles et des monastères est tout au long du XIIe siècle, augustinien. La surprise sera l'arrivée, par les Arabes et par Averrhoès, de la philosophie d'Aristote, à laquelle se ralliera Thomas d'Aquin. Non que Thomas abandonne saint Augustin, mais parce que l'évêque d'Hippone est platonicien et que, dans lc problème philosophique de la connaissance, Thomas estime qu'il ne faut pas le suivre. On se rend compte à lire l'Aquinate, s'il reste fidèle à saint Augustin tant par conviction que par prudence — les augustiniens par l'évêque de Paris et l'archevêque de Cantorbéry, feront condamner en 1277 et après sa mort, des thèses de Thomas — du moins, en psychologie rationnelle, il donne la préférence, non à l'illumination augustinienne, mais à la raison et à l'abstraction, celle-ci étrangère à la pensée d'Augustin. Pour ce dernier, l'illumination est intérieure et les intelligibles sont vus dans la lumière illuminatrice (de Dieu) ; on reconnaîtra ici la position que soutiendra Malebranche. Pour Thomas d'Aquin, fidèle en cela à Aristote, les intelligibles sont tirés du sensible. L'avenir des sciences est là tout entier[22].

21. Sur ces apocryphes, consulter le P. Portalié, *DTC*, I, 2306 à 2310.
22. Cette comparaison de saint Augustin et de saint Thomas est développée dans R. Jolivet, *Dieu Soleil des esprits*, Paris, 1934, et dans *Saint Augustin et le platonisme chrétien*, Paris, 1932.

Il serait illusoire de vouloir réduire à l'unité deux thèses aussi opposées. Au-delà cependant d'une position intellectuelle irréductible en termes logiques, la soumission de l'un et de l'autre au donné révélé, il ne peut y avoir de Vérité que par *participation à la Raison incréée*. Vérité capitale qui domine toutes les discussions d'école et qui, plus que la question du mode de l'illumination, était la préoccupation centrale de saint Augustin.

Ces questions, plus philosophiques que théologiques, ont défrayé le siècle. Thomas d'Aquin n'oubliait point qu'il était avant tout théologien et sur les questions proprement théologiques, il suivait saint Augustin qu'on voit cité à mainte page de la *Somme*. Il arriva ainsi que l'augustinisme fut en quelque sorte absorbé par le thomisme, spécialement sur la question de la grâce. Les scolastiques systématisent la doctrine de saint Augustin, la complètent et la nuancent, distinguant mieux naturel et surnaturel, la part de la liberté et de la responsabilité. Cette doctrine qui se perpétuera dans leurs écoles, leur permettra de se trouver mieux armés dans les affrontements sur la Grâce, de la Réforme au XVIIIe siècle. L'Université de Paris est née de l'école de saint Victor et les victorins, augustins, sont fidèles à l'augustinisme. Celui-ci a pénétré toutes les écoles bien que la scolastique, lancée par Abélard, règne. Est-ce parce que l'aspect trop platonicien de l'augustinisme s'est effacé ? Il reste présent chez saint Thomas. Mais les grandes thèses d'Augustin, ses vues sur Dieu, les idées divines, la Trinité, la Grâce et la Rédemption, gardent toujours leur empire sur les esprits.

Un autre grand théologien domine le XIIIe siècle : le franciscain Bonaventure. Il rejette Aristote dans le problème de la connaissance dont il voit le fondement en Dieu : « Tout ce qui est connu est atteint dans la lumière des raisons éternelles », *Opera*, V, 12-27). Par ailleurs, il disserte de l'existence de Dieu et de la

Trinité d'après les thèses augustiniennes. Il est certainement l'un des docteurs franciscains les plus proches de l'évêque d'Hippone. Au milieu du siècle, en 1256, le pape Alexandre IV réunit en un seul ordre les diverses branches des Ermites de saint Augustin ; ils se répandront bientôt dans les villes. A Paris, leur couvent, les Grands Augustins, sera un centre actif d'étude et de pensée. Son plus grand docteur fut Gilles de Rome (1243-1316), le premier reçu maître en théologie à Paris. Contemporain de Philippe le Bel, il écrivit pour lui le *De Regimine Principum,* inspiré de saint Augustin comme le *De Ecclesiastica Potestate*, qui en poussent les conséquences à l'extrême. Gilles avait été l'élève de Thomas d'Aquin et fut qualifié à sa mort de « Commentateur perspicace d'Aristote ». Un autre docteur augustin qui laissa un nom est Grégoire de Rimini, étudiant à Paris en 1223, mort à Vienne (Autriche) fin 1355.

Grégoire adhérait au nominalisme qui commençait à se répandre, mais avec le souci de l'adapter à sa foi ; il ne fut pas inquiété. Il poussait pourtant à l'extrême les théories de la prédestination, vouant les enfants morts sans baptême à l'enfer. Ses confrères, par dérision, l'appelaient *tortor infantium*, bourreau d'enfants. Des Pères, en particulier de saint Augustin, il avait une connaissance approfondie. On a vu en lui, bien à tort, un précurseur de Luther, augustin comme lui[23].

Réforme et Humanisme : le XVIe siècle. — L'invention de l'imprimerie permit les grandes éditions d'ensemble de l'œuvre de saint Augustin[24] : Amerbach

23. Cf. *Catholicisme*, t. V, col. 270. Grégoire de Rimini (A. Trapé, august.).
24. Cf. *Revue du XVIIe siècle*, n° 135, p. 103-120, sur l'édition de Louvain de 1577 (P. Ceyssens). Pour l'édition de saint Augustin on eut recours à des théologiens éminents et l'on fit une quête très poussée de manuscrits en Belgique et ailleurs. Parvenue à Rome elle inspira au pape Sixte-Quint et à son successeur Clément VIII une révision sur les manuscrits du Vatican. En France, l'œuvre de Louvain aura 10 éditions.

à Bâle (1506), Erasme, à Bâle chez Froben (1527-1529) : l'édition dite de Louvain par 64 théologiens, chez Plantin à Anvers (1576-1577). Augustin inspire les théologiens et, moins peut-être, les humanistes. Erasme célèbre « la grandeur de cet homme divin qui réunit en lui seul tous les mérites que l'on trouve séparés chez les autres Pères ». Ce qui ne l'empêche pas par ailleurs de lui préférer Jérôme ou Origène. Pétrarque, précurseur au XIVe siècle de l'Humanisme et qui voulait un humanisme fervent, était lecteur de saint Augustin dont il portait constamment sur lui les *Confessions*.

Il revenait aux réformateurs, Luther et Calvin, de se réclamer plus que d'autres de saint Augustin. Convaincus que l'Eglise de leur temps a versé dans le pélagianisme, ils ont recours d'abord à l'œuvre anti-pélagienne d'Augustin, Luther pour appuyer ses thèses de la justification par la foi ; Calvin pour sa théorie, si rigide quand on la voit de l'extérieur, sur la prédestination. Luther, entré en 1505 chez les augustins d'Erfurt, attendra 1509 pour aborder l'œuvre d'Augustin, soit après dix ans de vie religieuse. L'enthousiasme de Luther est grand de découvrir dans les *Confessions* une illustration vécue de sa propre doctrine. Il en arrive dans les années suivantes à identifier sa théologie à celle d'Augustin. Il assimile dans ses *Commentaires sur les Psaumes* nombre d'expressions augustiniennes et il connaît suffisamment le style d'Augustin pour déceler un apocryphe parmi ceux qu'on lui attribue[25]. Dans son traité *De Servo Arbitrio*, Luther se réfère encore à Augustin au point de proclamer qu'il doit à l'évêque d'Hippone le terme même qui sera traduit par *serf-arbitre*. Une polémique s'en suivra avec Erasme auquel Luther répliquera : « Augustin que tu passes sous silence est tout entier avec moi. »

25. Cf. L. Cristiani, Luther et saint Augustin, in *Augustinus Magister*, II, 1030-1038.

Luther s'est approprié un passage du *Second livre Contre*[26] *Julien le Pélagien* (chap. VIII, 22-23). Augustin avait fait appel à la théologie d'Ambroise, lequel montre « que l'homme, né sous le péché par le Christ qui en naissant n'a pas connu le péché et l'a crucifié sur la Croix »... Car si la nature humaine doit sa formation au Dieu créateur elle est guérie par le Christ Rédempteur. Augustin reproche aux pélagiens d'aller trop vite ; en effet, ils veulent que l'homme soit parfait dès son entrée en ce monde. Il ajoute : « Plût au ciel que ce soit par un don de Dieu qui ne soit pas libre ou plutôt par le libre arbitre soumis *(servo)* de votre propre volonté. » Dans un texte où Augustin polémique avec Julien qui donne tout à l'homme et rien à la grâce, il maintient la notion d'un libre arbitre car, dit-il ailleurs : « La volonté sera d'autant plus saine qu'elle sera plus libre, et d'autant plus libre qu'elle sera plus soumise à la miséricorde et à la grâce. »[27] Luther ne tardera pas à se rendre compte que son accord avec Augustin est illusoire, mais dans une lettre à Mélanchton (1531) il l'encouragera « à se détacher de l'imagination d'Augustin ». Dans le texte susdit, Augustin n'a pas en vue la condition humaine dont la liberté serait serve, mais bien une liberté qu'il faut soumettre à Dieu, ce que les Pélagiens auxquels saint Augustin s'adresse, n'admettaient pas. Luther, tout en l'admirant, jusque dans les derniers « propos de sa vie », avait compris leurs différences. Il faudra attendre le Synode de Stettin en 1577, pour que les théologiens luthériens reconnaissent que la référence au docteur de la grâce était à double tranchant et pouvait aussi être utilisée contre eux[28].

26. *Contra Julianum Pelagianum*, II, VIII, 22-23 ; l'ouvrage répond à celui de Julien (419) et date de 421-422. Le texte où Luther trouve son serf-arbitre : « Hic enim vultis hominem perfici, atque utinam Dei dono, et non libero vel potius servo propriae voluntatis arbitrio... »
27. *Epist.*, 89.
28. Léon Cristiani, in *Augustinus Magister*, II, 1029-1034.

Jean Calvin (1509-1564), né vingt-cinq ans après Luther et qui étudia au Collège de Montaigu à Paris, est encore un homme du Moyen Age, nourri des Pères de l'Eglise. Pourtant, celui qui a ses préférences et qu'il a lu au Collège est saint Augustin : on relève dans l'œuvre du Réformateur près de 1 400 citations du grand Docteur[29]. Dans son *Traité de la prédestination éternelle de Dieu*, il écrit : « Quant à saint Augustin, il s'accorde si bien en tout et partout avec nous, il est tellement nôtre *(adeo totus noster est)* que s'il me fallait écrire une confession sur cette matière, il me suffirait de la composer des témoignages extraits de ses œuvres. » Au cours des affrontements qui précédèrent le Concile de Trente et où l'on essaya au Colloque de Worms, transféré à Ratisbonne (1541) où étaient Pighi ami de Paul III et Contarini, de trouver une voie d'accommodement entre théologiens catholiques et réformés avec ce que l'on a appelé « la double justice », Calvin refusa avec force les avances de Pighi : « Si saint Augustin était aujourd'hui vivant, et qu'il entreprît de propos délibéré la défense de notre cause, il ne pourrait plus clairement exprimer ce qu'il faut pour réfuter la calomnie de ce médisant, qu'en parlant comme il le fait » (*Opuscule*, p. 292). On peut se demander, sans juger des intentions, comment des textes ont pu être utilisés hors contexte. Dans la polémique, Augustin prenait soin de constituer des dossiers sur la pensée de l'adversaire[30]. Dans le *Livre inachevé contre Julien*, écrit aux dernières années de sa vie, les repères sont visibles paragraphe après paragraphe la part de chacun des adversaires. Ce n'est pas partout pareil, mais la da-

29. J. Cadier, Calvin et saint Augustin, in *Augustinus Magister*, II, 1039-1056.

30. A propos de la polémique avec Julien soulignons qu'Augustin ne répondit jamais aux insultes de son adversaire. Mais une fois qu'il avait insulté sa mère Monique, l'appelant « ivrognesse » à cause d'une confidence des *Confessions* (IX, 8, 1, 8), Augustin lui répondit vertement, n'admettant pas que pour une question théologique on s'en prenne à sa mère et aux siens.

tation des textes permet de mieux cerner une pensée qui n'est pas monolithique. Les textes anti-pélagiens ont servi de carrière où ceux qui ont outré la pensée d'Augustin n'ont pas manqué de pierres pour bâtir.

Calvin et Augustin partagent le même théocentrisme théologique, mais Calvin reprocherait à Augustin de faire du néo-platonisme une « autre source » de sa théologie, alors que l'Ecriture devrait suffire. Pour qui fait attention à l'emprise progressive de l'Ecriture, à sa ferveur pour commenter et citer abondamment la Bible, le reproche est injuste et faux. Si sa pensée, comme celle de nombreux écrivains de l'Antiquité tardive est marquée de platonisme il n'y a rien que de normal. Tout comme la pensée du XVIIe siècle français pouvait être marquée de cartésianisme. L'essentiel pour Augustin est que l'Ecriture soit une règle dont il ne s'écarte jamais. Pour lui, la grâce ne se limite pas à la rémission des péchés et si la forme de sa contemplation, dans les *Confessions* et les *Soliloques*, a quelque relent de forme platonicienne, de son propre aveu, il s'agit bien de tout autre chose dans sa rencontre du Dieu vivant.

La justification était la question centrale du luthéranisme. Une tentative d'accommodement des points de vue proposée à Ratisbonne (1551) dix ans avant le Concile de Trente, appelée la théorie de la double justification, n'aboutit point. On y affirmait que la justice du Christ nous est imputée, mais, en même temps qu'il existait une justice qui nous est inhérente. Deux éléments de notre justification : l'un intrinsèque et déficient, qui nous est propre, l'autre extrinsèque et imputé, la justice même du Christ qui vient s'ajouter à la nôtre et en supplée les défauts[31]. On taxa cette tentative de semi-luthéranisme. Sans que l'on désavoua ceux qui la propo-

31. *DTC*, art. « Justification », J. Rivière, t. VIII, princip. 2159-2166, et pour Trente, Denz., 792 A - 843 A. Schönmetzer 1520 à 1600.

sèrent. On se trouvait sur le terrain des discussions d'école. Mais quand la bulle du 15 juin 1520, de Léon X, *Exsurge Domine*, condamna Luther, il n'était pas question de la justification. Le docteur de Wittemberg protesta et déclara qu'elle était au contraire la clef de voûte du nouvel évangile. Aussi le décret de la VIe session du Concile de Trente (commencée le 13 janvier 1547) traita expressément de la *Justification*. Les discussions furent longues et fondées sur l'Ecriture : on remarque cependant, outre une citation du *De Trinitate*, XIV, 12, 15, deux citations du *De Natura et Gratia* (415, antipélagien), une du *De Gratia et Libero Arbitrio* (VIII, 20) aux moines d'Hadrumète : « La vie éternelle qui est donnée en récompense, est une grâce pour une grâce, comme un salaire pour la justice. »[32] Outre qu'ils sont pris dans la polémique antipélagienne et que le dernier surtout attire l'attention sur le mérite, on remarquera combien les textes de saint Augustin sont peu nombreux. Le général des Augustins avait pourtant présenté à trois reprises un recueil de textes augustiniens qui ne furent pas acceptés. « Si l'on a pu résumer les débats du Concile de Trente comme une bataille pour ou contre l'augustinisme » (Marrou), les acteurs de l'assemblée, en face des innovations protestantes, se tinrent avec prudence, en deçà de toute précision excessive. Ce sera la ligne de conduite de Rome au siècle suivant où la réflexion des théologiens sur la question de la grâce et de la liberté, en appellerait à Augustin.

Le XVIIe siècle : siècle d'Or de l'augustinisme. — Après le Concile, clos en 1562, une tâche incombait aux théologiens, si difficile qu'elle allait occuper plus d'un siècle : comment accorder en l'homme la puissance de la grâce avec le don de la liberté dont

32. Saint Augustin, *Œuvres*, BA, t. 24, p. 134-135.

Augustin avait écrit : « La volonté libre sera d'autant plus libre qu'elle sera plus soumise à la divine grâce. »[33] Ce texte sera répété à l'envi par les controversistes pour qui l'essentiel était d'accorder la grâce avec un véritable libre arbitre. A la fin du siècle, en 1588 et 1589, le jésuite Louis Molina (1536-1600), professeur à Coïmbre, publie une « *Concorde du libre arbitre avec les dons de la grâce*, la prescience divine, la providence, la prédestination et la réprobation selon quelques articles de la *Somme de saint Thomas* ». Les polémiques commencèrent très vite et il n'est pas possible de les développer ici, sinon pour dire que le « molinisme » devint un sujet de querelles théologiques qui inquiétèrent les papes au point de susciter une commission spéciale *De Auxiliis (Des secours)* que Dieu donne à ses créatures et dans cette commission de faire la part égale aux théologiens thomistes et aux augustiniens. Le pape Clément VIII avait évoqué l'affaire à son tribunal[34] et une commission fut secrètement nommée en 1597 pour examiner le livre de Molina. Condamné un peu hâtivement, les jésuites obtinrent que la condamnation ne fut pas publiée. La création des Congrégations *de Auxiliis* date de cette année-là et durèrent de 1598 à 1602. Clément VIII, augustinien, se préoccupa d'une condamnation possible d'Augustin. Le pape Paul V qui lui succéda (1605-1621) ne voulut pas qu'on puisse trancher un débat qui apparaissait sous l'aspect d'une rivalité d'école. Le 28 août 1607, il décida de remettre à plus tard une décision doctrinale.

Les papes, pressés d'arbitrer une querelle qui devait

33. Epitre XLVII, II, 8, d'Augustin à Hilaire de Syracuse en 415 avant le Synode de Diospolis (Lydda) en décembre 415.

34. Clément VIII, pape de 1592 à 1605. Avec les jésuites qui soutenaient chez Molina la thèse *des prédéterminations physiques de saint Thomas*, la Cour d'Espagne était intervenue pour éviter une condamnation. Il y eut : 68 séances qui eurent lieu de 1601 à 1604 sans résultat définitif. Clément VIII aurait voulu que les parties puissent s'accorder sur vingt propositions prises de saint Augustin, qu'il ne pouvait se résoudre à laisser suspecter.

leur apparaître comme une querelle d'école, ne voulurent point condamner l'une ou l'autre partie par une sanction doctrinale qui pouvait rejaillir sur saint Augustin lui-même lequel passait à juste titre comme le docteur de la Grâce. D'autre part, en condamnant saint Thomas, très prisé dans les écoles, ils risquaient, comme le dit Bellarmin à Clément VIII, de réjouir les hérétiques. Le pape qui succéda à Paul V était le cardinal Barberini, Urbain VIII (1623 à 1644). Il imposa un silence absolu, sous peines canoniques, à qui écrirait sur ces questions.

Mais le silence ne fut pas respecté et non point à l'insu du pape. On lui apporta un jour de 1630, le traité sur la Liberté, d'un oratorien très lié avec Bérulle et qui portait dédicace à son nom. Il déclara simplement qu'il prenait le livre à son chevet pour le lire. Il ne lui parut sans doute pas dangereux.

En ces années-là cependant, un Flamand professeur à Louvain et qui deviendrait célèbre, après avoir travaillé à Bayonne avec son ami Jean Duvergier, futur abbé de Saint-Cyran, préparait une étude qui allait ravager l'opinion catholique durant deux siècles, l'*Augustinus*, paru à Rouen en 1641. Au moment de la parution, Corneille Janssen (latinisé en Jansénius) venait de mourir de la peste en secourant ses diocésains d'Ypres[35] atteints par l'épidémie. Ses recommandations à ses héritiers et la lettre qu'il projetait d'adresser au pape, étaient nettes : il soumettait son écrit au jugement de l'Eglise dont il ne voulait pas s'écarter[36]. Ses intentions étaient claires; ayant observé, dans les affrontements théologiques du début du siècle que l'on manquait de bases solides

35. Nommé le 21 juillet 1636, après une enquête approfondie faisant ressortir son érudition et sa piété, il meurt le 6 mai 1638.

36. Cf. le P. Ceyssens, La défiguration de Jansénius, dans *L'image de Jansénius jusqu'à la fin du XVIIe siècle,* Colloque de Louvain, 7-9 novembre 1985, p. 23 à 31, qui met en lumière le travail d'Albizzi pour faire condamner l'Augustinus et Jansénius.

sur la pensée de saint Augustin, il voulait rédiger une œuvre où la pensée de l'évêque d'Hippone serait clairement exposée et systématisée. L'*Augustinus* est un énorme in-folio de 1 300 pages, exposé de théologie positive, pour lequel Jansénius déclarait qu'il avait lu dix fois en entier les œuvres de saint Augustin. Trois parties dans l'œuvre : 1) Il étudie les opinions des pélagiens et des semi-pélagiens ; 2) Il traite des rapports de la philosophie avec la théologie et déprécie la scolastique ; 3) La guérison de la nature humaine déchue et restaurée par la grâce de Jésus-Christ. Dans l'état de nature déchue la volonté mûe par la délectation s'incline vers les choses créées et l'amour de soi ; la grâce, elle, incline le cœur vers une délectation spirituelle et sainte. Ces thèses parurent faire revivre celles de Michel du Baÿ (Baius) condamnées en 1567. Jansénius, d'autre part, manquait d'une acribie suffisante devant les textes d'Augustin s'attachant aux luttes antipélagiennes de la fin de sa vie, surtout le *De Correptione et Gratia* (426). Enfin, dans son recours à saint Augustin comme à une sorte d'autorité absolue et de juge, il déplaçait le centre de la question.

Rome n'avait pas voulu trancher au moment de l'affaire *de Auxiliis* car il répugnait au pape de prendre un docteur, même prestigieux, même accepté par tous, pour norme de la foi. On aura remarqué l'utilisation discrète de saint Augustin dans le Décret sur la Justification à Trente. Le problème est ici le même et l'attitude s'explique. Peu importe qu'on ait lu ou pas lu en entier l'*Augustinus*, pour y découvrir les fameuses cinq propositions ; ce qui importe c'est que l'Eglise n'y reconnaisse pas la doctrine révélée qu'elle a mission de promouvoir. Prétendre qu'elle a « condamné saint Augustin » est une outrance qui frise le ridicule. Mais personne ne trouva son son compte, ni la religion, ni la politique dans les querelles qui agitèrent le monde chrétien jusqu'en 1713 avec la bulle *Unigenitus*. Le jansénisme devint finalement un parti qui, sur le plan dogmatique et parlementaire, n'avait plus rien à voir avec saint Augustin.

Cartésianisme augustinisé ou augustinisme cartésianisé ? — La formule est du philosophe Henri Gouhier[37] et en face de l'invasion de l'augustinisme dans les Lettres au XVIIe siècle, elle paraît des plus justes. Si le génie de Pascal s'est fourvoyé dans la polémique des *Provinciales*[38] en raison de l'opposition de Port-Royal aux formulaires que l'on obligeait de souscrire contre l'*Augustinus*, il ne faut pas sous-estimer le fait qu'il est assidu à la lecture de saint Augustin dont mainte *Pensée* porte les traces et que dans l'*Entretien avec M. de Saci* il n'y a pas moins de 17 citations de saint Augustin dans la bouche de M. de Saci.

Tous les grands auteurs du siècle ont lu les *Confessions* : Racine et Mme Guyon et peut-être Mme de Maintenon et Mme de Sévigné. Les grands prédicateurs, Bossuet, Bourdaloue, Fléchier, Massillon et les controversistes ont pillé saint Augustin. Bossuet lui aurait emprunté sa théorie des « vérités éternelles ». Son *Traité de concupiscence* s'inspire du livre X des *Confessions* et sa philosophie d'histoire à sa source dans *La Cité de Dieu*. Nous devons enfin à Le Nain de Tillemont la première édition critique de la *Vie de saint Augustin*.

Au plan philosophique — il faut enfin l'aborder —,

37. Titre : *Cartésianisme et augustinisme au XVIIe siècle*, Paris, Vrin, 1978.

38. *La Quatrième* (févr. 1656) où il met en scène un adversaire jésuite, *Œuvres*, Ed. du Seuil, 382-386. Cf. aussi *Ecrits sur la grâce*, 285-368, où se trouve l'*Entretien avec M. de Saci* (291-297). Cet entretien est commenté par H. Gouhier, *Commentaires sur Pascal*, Paris, Vrin, 1966, p. 67-127. Cf. Ph. Sellier, *Pascal et saint Augustin*, Paris, Colin, 1976, et Introduction à l'édition des *Pensées*, Mercure de France, 1976, qui conteste l'attribution à Pascal de l'*Entretien avec M. de Sacy sur Epictète et Montaigne* (16-17).

Fénelon a une remarque pertinente : « Si un homme éclairé rassemblait dans les écrits de saint Augustin toutes les vérités sublimes que ce Père y a répandues, cet extrait serait très supérieur aux *Méditations* de Descartes. Phrases qui pouvaient paraître étonnantes aux Français de cette fin de siècle. Louis XIV avait proscrit Descartes de l'enseignement des Collèges tout en l'autorisant au précepteur de Mgr le Dauphin — Bossuet — et sans doute à celui du Duc de Bourgogne — Fénelon. Sauf dans une société choisie, Descartes n'avait pas bonne presse et passait, par son doute méthodique, pour un sceptique.

Pourtant, dans sa correspondance avec le minime Mersenne, il se garait à droite du côté de saint Augustin, à gauche de celui des pélagiens pour ne pas se faire accuser d'hétérodoxie. Mersenne le premier, à la lecture du *Discours sur la méthode*, pensa à une inspiration augustinienne. Descartes répondit le 15 novembre 1638 « qu'ayant cherché le passage de saint Augustin, je ne l'ai pas trouvé », mais un mois plus tard il lui faisait savoir que le « *je pense donc je suis* », était : livre XI du *De Civitate Dei*, chap. 26. On pourrait en fait trouver d'autres parallèles : *Soliloques*, liv. II, II, 1 ; *De Beata Vita*, liv. II, II, 7 ; *De Libero Arbitrio*, liv. II, III, 7, qui associe mieux la peur de se tromper avec la certitude de l'existence. Au problème des rapports du songe avec le sentiment d'exister que traitait la *Première Méditation* il y avait aussi un parallèle dans la deuxième partie du *Traité de la Trinité*, liv. XII, chap. 12, 21. Descartes avait essayé de soumettre à la Sorbonne le texte des *Méditations* qu'il appelait sa *Métaphysique*. Mersenne avait pour cela contacté le P. Gibieuf que Descartes avait louangé de son *De Libertate*. Le texte déposé le 1er août 1640, le refus d'approbation fut donné le 1er août 1641. Descartes ne s'en formalisa pas outre mesure, les domaines de la philosophie et de la théologie lui apparaissant tous différents.

Pouvait-on trouver chez Descartes une pensée qui fut à proprement parler augustinienne ? Le XVIIe siècle l'a cru et en particulier les oratoriens, à qui s'adressaient particulièrement les interdits de Louis XIV[39]. Mais dans ce débat qui, comme toujours, s'anima et côtoya les accusations de jansénisme, il faut prendre un parti de sagesse : « Le seul fait de rapprocher deux philosophies, écrit H. Gouhier, les met dans une situation où chacune apparaît sous un jour nouveau. Les rapprochements entre Descartes et saint Augustin leur donnent ce qu'on appellerait aujourd'hui des *images de marque*, celles d'un certain Descartes et d'un certain saint Augustin. »[40]

Il en va tout autrement de l'augustinisme de Malebranche (1638-1715). Oratorien, de santé fragile et attiré par les sciences, il laissa en philosophie une œuvre considérable. Dégoûté, comme il le dit, de la scolastique, il dut sa conversion à la philosophie à la lecture du *Traité de l'homme* de Descartes, mais soucieux de défendre la religion, il s'adonna à la patristique, principalement à la lecture de saint Augustin. *La recherche de la vérité*, son œuvre principale (1668 à 1673), part de Descartes, mais au livre III s'en sépare, Descartes étant « un homme comme les autres soumis à l'erreur ». En juillet 1673, ayant lu l'*Augustinus* entièrement et n'y ayant pas trouvé les cinq propositions, il retire la signature qu'il avait donnée au formulaire de 1661. La Préface de la *Recherche* abonde en citations de saint Augustin empruntées aux œuvres les plus diverses ; à part deux citations d'autres Pères, c'est lui qu'il cite exclusi-

39. A partir du P. Poisson de Vendôme qui en 1650 entreprit une *Vie* de Descartes qu'il n'acheva pas, les professeurs cartésiens et augustiniens furent nombreux à l'Oratoire. Le plus étonnant fut un P. André Martin qui, sous le nom d'Ambrosius Victor, publia en 1653 une *philosophia Christiana* qui habillait avec des centons de saint Augustin, les théories cartésiennes des esprits animaux.

40. *Op. cit.*, p. 164 et sq. Il faut revenir à ce livre capital sur ce débat pour s'en faire une idée juste et sans parti pris. Sur Malebranche, *OC*, t. XVIII, p. 31 et 75-77.

vement[41]. A-t-il pris à l'évêque d'Hippone l'idée de *la vision en Dieu*, bien proche de l'illumination augustinienne ou celle de Maître intérieur ? Le tempérament contemplatif de Malebranche devait s'accorder à celui de saint Augustin de même que l'intervention dans l'âme du Maître intérieur. Avec Malebranche, pourrait-on dire que l'on tourne la page d'un cartésianisme s'ouvrant aux athées, comme il le redoutait, pour une « philosophie » chrétienne plus augustinienne que cartésienne ? Bossuet n'était pas de cet avis qui écrivait à un disciple de Malebranche (le marquis d'Alemans) quelque temps après la parution du *Traité de la nature et de la grâce* (paru en 1680 et qui eut sept éditions du vivant de l'auteur) : « Je vois non seulement en ce point (de la nature et de la grâce) mais encore en beaucoup d'autres... un grand combat se préparer contre l'Eglise, sous le nom de la philosophie cartésienne. »[42] Bossuet voyait certes bien loin, mais la cause n'était pas dans la philosophie de Malebranche qui ne se voulait pas « chrétienne » seulement dans ses titres[43]. Pouvait-il penser qu'il avait réalisé une philosophie conforme à la pensée de saint Augustin ? Suffisait-il de tant de citations, à condition qu'elles concordent dans leur contexte à l'utilisation qu'il en faisait. Le cartésianisme de Malebranche est augustinisé ; trouvant la pensée de saint Augustin propre à expliquer ce qui convient à l'âme, il pensait que la science de M. Descartes l'aiderait à comprendre ce qui concerne le corps. Mais pas plus que Fénelon, il n'était incondi-

41. D'après le relevé du t. XXI des *Œuvres complètes*, CNRS, 1970, on dénombre 374 citations augustiniennes, cf. p. 240-315. Utile malgré quelques erreurs inévitables le relevé montre une lecture intégrale d'Augustin par Malebranche.

42. Lettre datée de Versailles le 21 mai 1687. *Correspondance* de Bossuet, éd. Lebel, Versailles, 1818.

43. Cf. une critique sévère (J. Wehrlé) dans *DTC*, IX, 1802-1803. Quelques œuvres seulement furent mises à l'Index *DTC*, XI, 1046-1047, décision que Paul VI abolit.

tionnel de Descartes ; cette attitude serait contradictoire[44]. L'indifférence pour les causes secondes, la façon de souligner le rôle primordial de Dieu sont bien d'inspiration augustinienne. Mais, comme le signale H. I. Marrou, « c'est le propre de l'augustinisme d'engendrer des disciples qui, par une fidélité excessive, transforment et défigurent l'enseignement d'Augustin ».

Du siècle des « Lumières » à nos jours !... — Malebranche fait la liaison de l'augustinisme entre le « siècle d'Or » augustinien et le règne des philosophes qui tient en mépris scolastique et théologie. Sur ce dernier plan, Malebranche augustinien se fera traiter par Rome d' « ontologisme »[45] pour sa théorie de la « vision en Dieu ». Le barnabite[46] Hyacinthe Gerdil (1718-1802), cardinal à la fin de sa vie, se voua à l'étude des sciences exactes et fut loué par d'Alembert mais en théologie ses prédilections allaient à un thomisme augustinisant et platonisant, à celui du P. Malebranche « qui lui paraît » plus efficace pour l'explication et la défense du christianisme. Gerdil, cardinal en 1777, qui faillit devenir pape en 1798 au conclave de Venise, ne semblait pas gêné par les interdits du Saint-Office. Il est le chef de file des ontologistes[47].

Le système de ces philosophes s'exprime en courants divers où l'on trouve Rosmini (1797-1855) qui refuse la thèse de la « vision en Dieu » de Malebranche, la preuve de Dieu s'identifiant à la certitude

44. H. Gouhier, *op. cit.*, p. 160 et sq.

45. Terme qu'utilisa le premier le philosophe Gioberti en 1844 dans ses *Considérations sur les doctrines religieuses de Victor Cousin* (*Catholicisme*, X, col. 96).

46. Clercs réguliers voués à l'apostolat fixés à l'église Saint-Barnabé de Milan.

47. *Catholicisme*, IV, 1878 ; pour *Ontologisme*, *ibid.*, X, 96 (H. Jacobs, SJ), pour *Gioberti*, V, 30-32.

que nous avons de Lui. Gioberti (1801-1852), par contre, que « l'idée de l'être était un intermédiaire inutile entre l'homme et Dieu ». Les idées augustiniennes, par l'intermédiaire de Malebranche, alimentent tout un courant philosophique dont la visée est de « retrouver la philosophie chrétienne du XVIIe siècle ». Pour ces philosophes qui, pour la plupart, étaient aussi théologiens, « il faut affirmer que nous percevons la vérité en Dieu, non pas dans son être abstrait, mais dans son existence absolue et personnelle ». A Rome, comme pour Malebranche, on eut peur que ces positions ne conduisent au panthéisme. Une condamnation intervint qui portait principalement « sur la théorie de la vision immédiate de Dieu en Lui-même et de toutes choses en Lui... risqué par une perception immédiate de l'infini ».

L'effort des ontologistes pour réconcilier la philosophie et la foi culmine au milieu du siècle à la Sorbonne de Paris avec le doyen de la Faculté de Théologie, Mgr Henry Maret (1805-1884), qui voulait concilier Augustin et Thomas d'Aquin, Bossuet et Malebranche. Un effort qui n'aboutira pas sur l'heure, mais qui aura des prolongements inattendus[48].

Au XIXe siècle toute la renaissance chrétienne s'alimente à l'augustinisme. Est-ce en raison, pour la classe dirigeante, de la mention que fait Chateaubriand, dans *Le génie du christianisme* des *Confessions* de saint Augustin ? Il y avait aussi ceux qui survivaient de l'ancienne culture ecclésiastique d'avant la Révolution. Les réimpressions de l'édition bénédictine se sont alors multipliées, jusqu'à la *Patrologie* de Migne (1800-1875) qui fut éditée à partir de 1844. Ce siècle, qui vit un certain nombre de restaurations, vit aussi la création d'instituts religieux dont les Pères augustins de l'Assomption (fondateur P. d'Alzon) sous la *Regula sancti Augustini*, pratiquée depuis les

48. *Catholicisme*, VIII, 435-439 (Cl. Bressolette).

temps les plus anciens par des générations de clercs[49]. Ce sont les Augustins de l'Assomption qui ont promu les congrès de 1930 et 1954 et créé à Paris le Centre d'Etudes Augustiniennes.

Dans l'influence de saint Augustin sur notre époque il faut donner une place à part au philosophe Maurice Blondel (1861-1949). Bien que la référence à Augustin ne s'exprime que dans sa maturité, dès l'*Action*, dans sa façon de poser la question de la foi et de la raison il révèle une parenté avec la pensée augustinienne. Pour Blondel, la philosophie n'est rien si elle ne remet pas tout en question et ne porte pas son analyse jusqu'aux cimes de la vie religieuse. « Le surnaturcl... "est tout autre chose que la métaphysique dévoilée à fond". Il est de la nature de l'homme d'être enseigné, mais c'est l'enseignement divin qui le fait libre. La volonté ne se réalise pleinement qu'en reconnaissant que son vouloir le plus profond résulte d'une présence plus intérieure que ce qu'il y a de plus intime, supérieur à ce qu'il y a en lui de plus élevé. » Personne ne niera qu'il n'y ait là une réminiscence augustinienne[50]. Blondel se situe à l'époque où la philosophie en France est rationaliste ; son effort consistera à réintroduire à sa vraie place une pensée religieuse, un peu à la façon dont Augustin assimilera le platonisme de son temps.

Des travaux universitaires de valeur ont remis en honneur la pensée de saint Augustin. Les noms de Pierre Courcelle au Collège de France, ceux de Gilson, de Marrou, de Mandouze à la Sorbonne comptent parmi les meilleurs augustinisants, dont la tâche a été d'en appeler sans cesse de l'augustinisme, de tous les

49. Une lettre, *Epist.*, 221, écrite en 423 pour les religieuses d'Hippone (dont la supérieure était la sœur d'Augustin) est devenue, aménagée pour l'observance, l'une des quatre règles des ordres et congrégations de l'Eglise latine.

50. Le texte est une analyse des *Carnets intimes* de M. Blondel dans *Dictionnaire des Philosophes*, notice de Jean Lacroix sur Blondel, p. 332.

augustinismes, à saint Augustin. Au plan plus strictement théologique, les encycliques solennelles de Pie XI (1930) et de Pie XII (1954) ont montré dans saint Augustin qu'il était, comme l'affirmait le pape Célestin Ier lors du Concile d'Ephèse (431), « l'un des maîtres les meilleurs que l'Eglise et ses prédécesseurs avaient en honneur ».

Les congrès qui ont célébré les centenaires de la mort (1930) et de la naissance d'Augustin (1954) ont fait surgir une pléiade de travaux dont le retentissement n'est pas achevé en France et dans le monde. On peut dire, sans exagérer, que « la présence d'Augustin, sensible à la culture des dernières générations font qu'il est un des rares penseurs... qui garde sa place dans l'évolution de l'esprit humain »[51].

III. — Une théologie du politique

L'expression d'*augustinisme politique*, convenons-en, est équivoque et recouvre un aspect de sa pensée qu'Augustin n'avait pas prévu[52]. Ses interventions près de mandataires du pouvoir et les lettres qu'il leur adressait, de longs développements de *La Cité de Dieu* ont entraîné des interprétations abusives, tant sur ceux qui ont voulu, à partir de ces textes, élaborer une Cité chrétienne, que chez des historiens modernes qui, parfois en sollicitant les textes, les lisent avec les catégories d'aujourd'hui.

Il faut pourtant se mettre avant tout dans la mentalité et la pratique de l'Antiquité tardive : on sortait du temps des persécutions perpétrées par les empereurs païens. Constantin, qui les fit cesser, se consi-

51. H.-I. Marrou, *op. cit.*, p. 179.

52. Cf. A. Mandouze, *op. cit.*, p. 292, qui refuse l'expression d'*augustinisme politique* désignant plus exactement ce que les siècles postérieurs ont attribué de leurs propres positions à Augustin. Mandouze met des réserves aux thèses de H. X. Arquillère. E. Gilson, *Les métamorphoses de la Cité de Dieu*, p. 67, et A. W. Ziegler, *Augustinus Magister*, III, p. 211, sont plus nuancés.

déra comme le protecteur de l'Eglise à la façon de ses prédécesseurs protégeant le culte païen, toléré mais non soutenu par le pouvoir. Ambroise pourra ainsi intervenir près de Théodose pour qu'une statue de la Victoire et les sacrifices qu'elle recevait n'offensât point les sénateurs chrétiens. Constantin, en 325, convoqua à Nicée le premier de tous les conciles, pour trancher la question arienne, première de toutes les hérésies ; en 383, celui de Constantinople, en 431 celui d'Ephèse, seront convoqués et présidés par l'empereur ou ses légats, en présence des légats du pape. Lois de l'Eglise, les décisions conciliaires deviendront lois de l'Etat et l'empereur Théodose ne sera pas des moins empressés à les faire appliquer. Il s'est donc créé dans les faits, et personne n'y trouvait à redire, une collaboration très étroite entre le pouvoir et les évêques. On peut dire cependant, tout en anticipant un peu sur ce qui est propre à Augustin, que « s'il fallait s'attendre à ce que la lutte contre les adversaires du catholicisme fît courir à l'Eglise le risque d'être compromise avec l'Etat » — car elle pouvait difficilement refuser d'être soutenue par lui —, il faut noter qu'Augustin « n'a guère soupçonné le risque *car il n'a jamais eu l'idée d'un Etat chrétien* ». Et l'on a fait justement remarquer que « la raison majeure des relations qu'Augustin a nouées avec les grands est son désir d'avoir une influence purement morale et spirituelle »[53].

Le comportement d'Augustin. — On a toujours des surprises quand, en dehors des textes, on lit sous la plume d'auteurs ne laissant pas à la porte leurs préjugés, des appréciations péremptoires selon lesquelles par exemple « Augustin serait le premier théoricien de l'Inquisition » ; ou encore qu'il se serait comporté, dans la répression des schismatiques et hérétiques,

53. Cf. A. Mandouze, *op. cit.*, p. 321, n. 3 et p. 324, n. 6.

en digne fils d'une mère fanatique, ainsi qualifiée parce qu'elle lui avait un temps fermé sa porte, lorsqu'il revint à Thagaste, engagé dans le manichéisme. De telles sollicitations ou distorsions de textes sont trop faciles pour soutenir des thèses dont Augustin n'a jamais eu idée et malhonnêtes si par là on veut le discréditer[54]. Il faut, pour pouvoir parler de politique augustinienne, qu'on puisse affirmer la collusion de l'évêque d'Hippone avec les grands, en vue de gouverner l'Afrique par des critères chrétiens. Or, pour se rendre compte par les faits du comportement d'Augustin, il faut parcourir les suscriptions de sa correspondance. Sur une collection de 279 lettres parvenues jusqu'à nous, il n'y en a que seize qui soient adressées à des personnages qui ont dans l'Empire des fonctions de très haut rang : comtes, légats, vicaires ou proconsuls d'Afrique ou simples commissaires. Dans cette collection restreinte, on distingue deux « dossiers » importants, celui de Marcellinus, commissaire impérial qui présida le Colloque de Carthage (411), et celui de Bonifacius, qui intervinrent l'un et l'autre dans les affaires donatistes. Augustin se borne sans plus à les conseiller.

Connaissant parfaitement le droit de son temps il contribua à le faire évoluer dans le sens du principe d'équité, entre autres dans les poursuites pour dettes dont souffraient les petites gens, sur la question du droit d'asile, la législation concernant la torture et les droits du prévenu, enfin sur la distinction à faire entre la condamnation à mort qui devait rester théorique et l'application de la peine. Il écrivait à Marcellinus, à propos de la punition des sévices infligés aux catholiques par les donatistes : « Nous ne voulons pas que les souffrances des serviteurs de Dieu soient vengées d'après la loi du talion par des supplices

54. P. Brown, *op. cit.*, p. 283, citant *Conf.*, III, 11, 19, interprétation d'autant plus étonnante que cet auteur nous a habitués à plus de rigueur.

semblables... Mais nous souhaitons que ces hommes, sans perdre la vie et sans être mutilés en aucune partie de leur corps, soient par la surveillance des lois ramenés, d'un égarement furieux, au calme du bon sens... Ne renoncez pas à ce zèle paternel que vous avez déployé pour obtenir l'aveu de si grands crimes ; vous n'avez employé ni les chevalets, ni les ongles de fer, ni les flammes, mais seulement les verges auxquelles ont recours les enseignants et les parents eux-mêmes... »[55] On verra que l'empereur Honorius n'usera pas de la même clémence envers Marcellinus, malgré l'intervention d'Augustin dont il était devenu l'ami depuis cette fameuse conférence de 411, où le rôle des évêques — Augustin était seulement l'un d'eux[56] — était de dire la position de l'Eglise que la loi de l'Empire sanctionnait, et de départager ceux qui l'observaient et ceux qui la bafouaient. Les évêques étaient prêts à céder leurs sièges en leur faveur. Augustin qui voulait le bon droit était prêt aux concessions en faveur de l'unité, si les donatistes s'y étaient pliés[57]. Hostile à la violence, il réclamait l'application des lois pour ceux qui en avaient usé. Il s'agit avant tout de défendre les faibles et les petits[58].

Il aura la même attitude à la fin de sa vie devant les Vandales, ces barbares ariens qui assiègent Hippone : « Si le peuple demeure et que les ministres (de Dieu) s'enfuient, que se produira-t-il sinon la fuite de mercenaires qui n'auront pas souci de leurs brebis... Craignons plus de voir les membres du corps du Christ mourir faute de nourriture spirituelle que

55. Lettre 153. Trad. Labriolle, *in* Marrou, *op. cit.*, p. 138-140.

56. Il joua un rôle important dans la préparation et dans la décision finale, mais c'est un groupe d'évêques catholiques sous la présidence d'Aurelius de Carthage qui avait demandé la convocation de la Conférence. Cf. Mandouze, *op. cit.*, p. 353 et 376-377.

57. A Marcellinus : « Si christianam in hoc saeculo noster honor impedit unitatem... Si en ce temps, notre honneur épiscopal est un obstacle à l'unité chrétienne »... (lettre 128).

58. Mandouze, *op. cit.*, p. 361, n. 2, « furiosas violentias ».

de voir les membres de notre corps subir l'épreuve douloureuse de la violence ennemie... »[59] Ainsi près de la mort, Augustin restait fidèle à son idéal de pasteur chrétien soucieux de sauvegarder l'unité et la vie de son troupeau. Au plus fort de la crise donatiste, calomnié sans doute près de lui, il avait écrit à son ami Paulin de Nole : « Punir, ne pas punir, que choisir ? Alors que tout ce que nous cherchons c'est de sauver ceux qu'il s'agit ou non de punir... Quel tremblement nous saisit alors, cher Paulin ô saint homme de Dieu ! Quelle terreur qu'elles ténèbres ! »[60]

Marcellinus qui avait présidé le Colloque de 411, correspondit encore avec Augustin devenu un ami, à propos des pélagiens refusant le baptême des petits enfants. Peu après, accusé faussement semble-t-il en 413, malgré l'intervention pressante d'Augustin près de l'empereur. On attendait sa grâce pour la fête de saint Cyprien et ce fut le jour de son exécution. On découvrit peu après son innocence et l'inanité des accusations ; la main des donatistes était peut-être passée par là. Augustin en eut un immense chagrin, lui qui était opposé à la peine de mort.

La lettre à Boniface. — Cette lettre, connue sous le titre *De Correctione Donatistorum*, est une sorte de traité. Augustin le mentionne dans les Révisions : « ... j'écrivis un livre sur le *châtiment des donatistes*, à cause de ceux qui ne voulaient pas que les lois impériales prononçâssent contre eux des châtiments »[61]. Il convient d'en donner ici les lignes principales, non seulement parce que la pensée d'Augustin y est ramassée sur la question du rôle du pouvoir civil en matière d'hérésie, mais parce que ces idées furent

59. Mandouze, *ibid.*, p. 164, épist. *ad Honoratum* et épist. 95, 3.
60. Ep. 95, 7. Cf. Brown, p. 287.
61. C'est la lettre 185 au tribun Boniface qui date de 417. Cf. *PL*, t. 33, col. 792-815.

tour à tour utilisées et contestées en cette matière.

Tout d'abord, Augustin explique en quoi consiste le schisme donatiste : « Ce sont des rebelles à l'autorité voulue par le Christ. » Il explique comment les choses se sont produites et aussi pourquoi ils ne peuvent se qualifier de martyrs quand le pouvoir les corrige. Ils ont « mis la division dans les membres du Christ ; ils ne peuvent réputer persécutrices les lois que les empereurs ont édictées pour que cesse cette division ». Les vrais disciples du Christ ne veulent pas les voir périr, mais au contraire les faire vivre et travaillent à ce que personne ne périsse. « Là où ne sévissent pas les mœurs violentes des donatistes, la paix accourt. » Il est trop vrai qu'existent des exactions et là un recours aux pouvoirs civils est légitime : « Le rôle des rois et des empereurs est de servir Dieu. Comme hommes ils lui doivent fidélité ; comme rois ou empereurs ils doivent promulguer des lois justes et sanctionner avec sévérité ceux qui y contreviennent. Pour Augustin, comme pour les hommes de l'Antiquité tardive, il ne reculait pas devant le châtiment corporel, les verges qu'on utilisait dans les écoles ou dans les familles : pour le méchant, la souffrance est le salaire de son injustice ; il n'a pas à l'imputer à la cruauté du pouvoir. »[62] Mais celui qui désire Dieu et veut contempler sa face — donc qui a le cœur droit — de telles mesures, peines temporelles où lois impériales ne sont pas nécessaires, pas plus que la crainte de l'enfer. Il voit dans l'épisode de la conversion de saint Paul un aspect qu'on ne met pas d'habitude en relief : la cécité de Paul aurait été une sorte de châtiment pour l'aveuglement antérieur de son esprit. Châtiment bénéfique car « celui qui, frappé d'une peine corporelle, *entra contraint dans l'Evangile*, travailla davantage pour l'Evangile que tous ceux qui y entrèrent par la seule

62. *Contre la lettre c / Parménien*, VIII, 13.

force de la parole ; et celui que la crainte la plus forte poussa vers la Charité, sa charité parfaite mit la crainte dehors »[63]. Augustin pense que trouvant les siens au bercail « s'ils veulent résister, elle peut les rappeler, même par la peur du châtiment ou la crainte de la souffrance, car celui qui reconnaît en eux la marque du Seigneur (le baptême) a davantage de droits à le faire et corriger son erreur sans attenter en eux au sceau du rédempteur »[64].

Le banquet du Seigneur c'est l'unité du Corps du Christ pas seulement dans le sacrement de l'autel, mais aussi dans le lien de la paix. Pour ces réalités-là, nous pouvons véridiquement dire que personne n'est forcé à faire le bien ; et quiconque est forcé, ce n'est pas à autre chose que de ne pas faire le mal.

Augustin qui justifie les procédés d'autorité pour l'application des lois impériales de Théodose (404) et d'Honorius en 411 après la Conférence de Carthage, explique comment les donatistes les ont tournées alors que beaucoup les ont suivis qui n'étaient pas capables de comprendre par eux-mêmes la distance qu'il y avait entre l'erreur des donatistes et la vérité catholique. Il en revient aux violences antérieures à ces essais de réconciliation. Des faits bibliques, par exemple celui d'Absalon, amènent Augustin à exprimer ce qui n'est pas tellement un paradoxe « qu'il vaut mieux sauver de force un homme menacé par la ruine de sa maison que de l'y laisser périr ». « Que doit-on estimer de plus juste de la perte de quelques individus peu nombreux ou le salut de la multitude innombrable de peuples délivrés. » Principe à double tranchant dont sa passion de la vérité et du salut ne semble pas mesurer la no-

63. *Lettre à Boniface*, 21-24.

64. Développement difficile à interpréter : voudrait-il dire que le schismatique donatiste ne relève que du jugement et des sanctions de l'Eglise, parce que, baptisé, son baptême étant irréversible, il ne relève pas d'une autre instance ? Le Moyen Age aura peut-être utilisé ce texte.

civité. On ose à peine le dire : mais c'est le principe de Caïphe ! Il y a heureusement dans d'autres textes et dans le comportement d'Augustin d'autres points de repère.

Il faut en revenir à ce qui a été dit sur l'aspect progressif de la pensée d'Augustin. S'il ne varie pas sur l'essentiel, sur la vérité et sur la doctrine de l'Eglise, sa manière de les aborder avance à mesure que des précisions lui viennent[65]. Son comportement de pasteur qui défend son troupeau ne lui impose pas un choix qui lui fait préférer ses « brebis » aux autres. Enfant à Thagaste, presque entièrement donatiste, il n'avait d'animosité pour personne. A Hippone, aux trois quarts schismatique à son arrivée, il employa la douceur et la courtoisie, même quand les boulangers donatistes refusaient du pain aux catholiques. Avec les évêques ses confrères, il accepta, pour la paix, de céder les sièges catholiques aux donatistes qui reviendraient à résipiscence[66]. Seule la violence gratuite et sauvage le poussa à demander l'intervention du pouvoir. Question d'humanité bien plus que de doctrine. L'appel à l'empereur était reconventionnel de celui que les donatistes faisaient. Il faut dire que seulement dans ce cas qui lui était douloureux Augustin intervint et dans aucun autre[67].

Il n'eut point à intervenir pour l'affaire bien plus grave, au strict point de vue théologique du pélagianisme. L'action fut engagée auprès du pape Zozime et les sanctions de bannissement prises par la Cour de Ravenne le furent de la volonté de l'empereur sans que les Africains et surtout Augustin n'intervinssent. Le schisme donatiste, au moment de la Conférence

65. Il ne s'agit pas bien sûr des dogmes. Dans ce cas particulier, il fait remarquer dans une lettre à Vincentius donatiste qu'à Thagaste il en allait différemment avant que les violences ne le fassent changer d'avis (*Epist.*, 93, 5, 17).

66. Cf. P. de Labriolle, *Histoire de l'Eglise*, Fliche et Martin, IV, p. 72, qui donne les références des lettres de ces deux périodes d'Augustin.

67. *Ibid.*

de Carthage[68] en 411 durait depuis cent ans. Quelques historiens ont soulevé l'hypothèse d'une résistance à la colonisation romaine, ce qui pourrait être fondé. Quand Augustin écrit au tribun Boniface[69] et que la réponse rappelle des faits déjà anciens, c'est vraisemblablement qu'ils se reproduisent d'une façon ou d'une autre et que le tribun ne sait comment les réprimer, alors qu'Augustin pense que l'unité revenue ils ne se reproduiraient pas. Augustin en polémique « excellait à ménager les amours-propres et à ménager les cœurs pour gagner les esprits ». Son influence le montre assez lors de la fameuse Conférence de Carthage. Il chercha un accommodement avec les évêques donatistes sans pouvoir l'obtenir. Dans la suite, même avec des adversaires d'aussi mauvaise foi que Julien d'Eclane, il ne manquera à la règle qu'il s'est toujours imposée, celle de la charité, envers les personnes tout en gardant ses exigences pour la vérité. S'il n'acceptait pas la violence faite aux siens, il n'admettait pas qu'on la fasse subir à l'adversaire et intervenait toujours pour le sauver, même d'une amende jugée exorbitante. On a abusé, en les sortant de leur contexte, de certaines phrases de la *Lettre à Boniface*. « Le Moyen Age a eu grand tort de couvrir, sinon de son exemple, du moins de sa doctrine, des abus qu'il n'eût certes pas avoués. »[70]

Les sources de l'augustinisme politique. — Il n'est pas que les mots historiques pour entretenir les légendes. La grande histoire aussi est lourde de thèses que se refilent les générations. Il y a fort à

68. Cf. *Actes de la Conférence de Carthage en 411*, « Sources chrétiennes », n° 194, principalement l'Introduction de Serge Lancel.

69. Rappelons-le en 417, six ans après seulement.

70. De Labriolle, *op. cit.*, p. 71, il cite l'opinion de P. Monceaux sur l'aspect « politique » de la révolte donatiste. La phrase que nous citons (p. 72) a besoin d'être corrigée, car la *doctrine* d'Augustin nous l'avons vu n'engage nullement à la répression, mais à la correction, ce qui n'implique pas de châtiment corporel.

parier que l'*augustinisme politique* soit né d'une méprise et qu'il se perpétue malgré les dénégations des gens sérieux qu'on n'écoute pas.

On se souvient sans doute qu'Augustin vit arriver à Hippone, au cours de l'année 414, un prêtre espagnol qui fuyait la péninsule, sans doute Braga en Galice, non pour échapper aux barbares, mais pour consulter Augustin sur des doctrines qu'il jugeait hétérodoxes et qui étaient simplement celles de Pélage. Augustin, l'année suivante, l'envoya près de Jérôme, recommandant « ce jeune homme religieux, plus jeune que nous et notre collègue dans le presbytérat ». Au Concile de Lydda, il se fait l'accusateur de Pélage et s'attire des ennuis. Il reviendra à Hippone pour écrire ses *Histoires contre les païens* (417-418). Il essaie de revenir en Espagne, n'y réussit pas ; on retrouve sa trace à Minorque, mais on ne sait plus grand-chose de lui, ignorant même la date de sa mort[71].

C'est sa dernière œuvre qui retient ici l'attention : abondamment répandue au Moyen Age, on en trouve de très nombreux manuscrits, car l'auteur s'abrite sous l'autorité de saint Augustin qui lui aurait donné mission d'écrire cette histoire lorsqu'il rédigeait le chapitre XI de *La Cité de Dieu*. Mais les différences de pensée sont grandes : Augustin disait que la Providence « ordonne » sans contraindre ; Orose voit Dieu comme une sorte « d'empereur de l'Histoire ». Le « providentialisme » d'Orose a ainsi accrédité d'idée d'un *Dieu vengeur et justicier*. Enfin, l'œuvre d'Orose a fait lire *La Cité de Dieu* elle-même dans un sens qui finalement conduit à l'*augustinisme politique*, sacralisation du prince, ou inversement politisation du pouvoir pontifical et de la cité chrétienne.

71. A. Solignac, dans art. « Orose » du *Dict. de spirit.*, t. XI, fasc. 74-75, 1982, col. 966-969. Nous remercions l'auteur de nous avoir communiqué ce texte et autorisé à l'utiliser.

ENVOI : ESQUISSE D'UN PORTRAIT

Nous voudrions nous le représenter vivant et, pour cela, l'iconographie est insuffisante. Le Moyen Age et la Renaissance lui donnent la mitre et la crosse, comme on pouvait alors figurer un évêque[1]. D'autres, sensibles à la valeur d'un symbole, le montrent brandissant un cœur dans la main. C'est peut-être une fresque du Latran (VIe siècle) qui se rapprocherait le plus de l'aspect que présentait Augustin à Hippone : « Tunique de laine blanche, non drapée et sans ornement, avec sandales même quand il prêche ou qu'il célèbre. »[2] Portait-il un anneau ? Ce n'est pas sûr, car on le voit apparaître au VIe siècle et il en est fait mention au Concile de Tolède en 633. Au temps d'Augustin, du moins pour lui et les évêques ses disciples, la mise est simple et propre, point différente de celle des petites gens.

La fresque du Latran évoque le Maître, enseignant ou prêchant. Les sermons comme les lettres révèlent son tempérament spontané : il est intuitif, extrêmement sensible, voire passionné ; il sait se montrer chaleureux, ou encore facilement inquiet non pour lui, mais pour la charge qu'il porte, l'Eglise qu'il représente ou encore tel ou tel de ses amis en danger. S'il intervint sans succès pour le comte Marcellinus, et porta son exécution avec peine, l'affaire donatiste,

1. P. Courcelle a fait un cours au Collège de France (1963-1964) sur l'iconographie augustinienne. Cf. aussi H. I. Marrou, *Saint Augustin et l'augustinisme*, Seuil, 1955, réédité.

2. A. G. Hamman, *L'Afrique du Nord au temps de saint Augustin*, Hachette, nouv. éd., 1985, p. 265. Travail passionnant qui fait revivre tout l'environnement de la vie de saint Augustin, surtout par les lettres et les sermons.

la lettre à l'évêque Paulin le prouve, lui causa tourments et inquiétudes. Il voulait non point punir ou laisser punir, mais plutôt sauver les personnes. On peut mettre au défi le lecteur des œuvres de saint Augustin d'y trouver la moindre trace de froideur ou d'indifférence. Pas besoin de psychanalyse pour le connaître. Et ce qu'il ne pouvait obtenir ou décider lui-même, il le jetait par la prière dans le cœur de Dieu. Après sa mort, le 28 août 430, son disciple Possidius déclarait : « Ce prêtre, reconnu et aimé de Dieu, a manifestement vécu, comme on voit briller en lui la lumière de la Vérité, des vertus de la foi droite et saine, de l'espérance et de la charité de l'Eglise catholique. Le reconnaissent ceux qui bénéficient de la lecture de ses écrits sur les choses divines. »

Ne pourrait-il se reconnaître aussi dans le célèbre fragment de Pascal, lui aussi lecteur de saint Augustin : « La Vérité sans la Charité n'est qu'une idole »... avec cette différence toutefois que l'évêque d'Hippone ne faisait une idole ni de l'une ni de l'autre. Pour lui Vérité et Charité étaient, avec la Beauté, les aspects d'un seul Amour, « tardivement aimé » comme il l'écrivit, mais passionnément servi. La Vérité, il la chercha de son adolescence à sa vieillesse ; la pratique d'une charité active inspira sa vie de prêtre et d'évêque. Un trait de caractère comme la constante attention qu'il manifeste à autrui rendent cet homme de l'Antiquité tardive singulièrement proche de nous à quinze siècles de distance. Mais s'il fait parfois revivre, sans masquer leurs faiblesses les vertus des hommes de l'Antiquité dont il reconnaît la valeur, il ne cessera de redire, lui que la Grâce à définitivement marqué, que l'homme ne peut se tenir devant Dieu que par cette grâce qui précède et qui suit tout acte de vertu. Telle est la clef de la lutte qu'il soutiendra près de trente ans face à Pélage et aux siens. Il s'agit moins pour lui de gagner que de faire gagner la Grâce.

Tout portrait, au fil du temps, peut se brouiller ou se couvrir de poussière. Puissions-nous, avec certains de nos devanciers, en avoir restitué l'éclat pour qu'apparaisse sur saint Augustin quelque chose de la Beauté qu'il entrevit un jour :

> Ô Amour qui toujours brûle et ne jamais t'éteins
> Ô charité, mon Dieu, embrase-moi !
>
> (*Conf.*, X, XXIX, 40).

Yerres, le 18 octobre 1988, Fête de saint Luc.

BIBLIOGRAPHIE

Les bibliographies, surtout de nos jours, regorgent de livres sur saint Augustin ; la plupart des ouvrages cités tout au long de ce livre comportent leur propre bibliographie. Nous n'échapperons pas à la règle proposant ceux qui nous ont paru des plus accessibles à nos lecteurs et, pour ceux qui veulent aller plus loin dans l'étude, les plus stimulants car ils posent davantage de questions.

Les sources. — L'édition d'Augustin par les bénédictins de Saint-Maur (Paris, 1679-1700) se trouve dans la *Patrologia Latina* de Migne (Paris, 1841-1842). On les trouve aussi dans l'édition antérieure (1836) des frères Gaume, qui n'est pas à sous-estimer (22 volumes de 1836-1839). Ils reprennent l'édition des Mauristes.

Pour les sermons : *Sermones post Maurinos reperti*, Rome, 1930 (sermons retrouvés après l'édition des Mauristes ; C. Lambot, *Sermones selecti (Sermons choisis)*, Utrecht, 1950 ; P. P. Verbraken, *Etudes critiques sur les sermons authentiques de saint Augustin*, Steenbrugge, 1976. Plusieurs œuvres importantes ont fait l'objet d'éditions modernes dans le *Corpus Scriptorum Ecclesiasticorum Latinorum (CSEL)* à Vienne et le *Corpus Christianorum* à Steenbrugge. La Bibliothèque Augustinienne (Paris, Desclée de Brouwer) a publié en 37 volumes, accompagnés d'introductions et de notes, une part très importante des *Œuvres de saint Augustin* où l'on retrouve les quatre œuvres majeures : Les *Confessions*, le *De Trinitate*, le *De Doctrina Christiana*, le *De Civitate Dei*, et précieuses pour prendre la mesure d'une pensée toujours en recherche : les *Révisions* ou *Retractationes*. La *Revue des Etudes Augustiniennes* (1955-1984) fait le point annuel de la bibliographie augustinienne (cf. Rochais et Madec). *Tables* des tomes I (1955) à XXX (184) et *Table de la Bibliothèque Augustinienne*, Paris, 1986.

Dictionnaires et encyclopédies. — *Dictionnaire de théologie catholique*, *Augustin*, I, 2268-2472 (Portalié) ; *Augustinisme*, I, 2501-2561 (Portalié), voir *Tables*. *Dictionnaire de spiritualité* en cours de publication, voir *Augustin* ; *Orose*, t. XI, fasc. 74-75 (A. Solignac). *Pélage et pélagianisme*, t. XII, col. 2889-2942 (A. Solignac et F. Nuvolone) ; *Encyclopédie Catholicisme*, *Augustin*, I, col. 1027-1036 (G. Bardy) ; *Augustinisme*, I, 1038-1046 (G. Rotureau, *Augustinisme politique*, I, 1046-1047 (H. X. Arquillère) ; *Encyclopaedia Universalis*, t. II, 796-801, *Augustin* et 801-803, *Augustinisme* (les deux art. de M. Meslin), *Augustinisme politique*, brièvement traité au *Thesaurus*, t. 18, p. 131 ; *Dictionnaire des philosophes*, Paris, PUF, 1984, t. I, 135-143, *Augustin* ; 143-151, *Augustinisme* (F. Ferrier), bibliographie commune aux deux articles, p. 142-143.

Biographies modernes. — G. Bardy, *Saint Augustin. L'homme et l'œuvre*, Paris, Et. August., 1940 ; très dense ce travail parfois dépassé n'a pourtant pas vieilli. — Henri-Irénée Marrou (coll. d'Anne-Marie La Bonnardière, *Saint Augustin et l'augustinisme*, Paris, Seuil, 1956 ; réédité en 1983 par un universitaire de grand renom, présentation dense et sobre. — Peter Brown, trad.

Jeanne-Henri Marrou, *La Vie de saint Augustin,* Paris, Seuil, 1971 ; présentation d'une érudition confondante, dont l'intérêt est soutenu, par l'un des grands spécialistes de l' « Antiquité tardive ». — O'Meara, *La jeunesse de saint Augustin. Son évolution intérieure jusqu'à l'époque de sa conversion*, trad. Jeanne-Henri Marrou, Paris, 1958 ; ouvrage alerte et attachant, bien situé sur les faits d'une adolescence parfois mal comprise. — André Mandouze, *Saint Augustin. L'aventure de la raison et de la grâce. Etudes augustiniennes*, Paris, 1968, 797 p. ; d'un maître ès augustinisme pour la comparaison et l'interprétation rigoureuse des textes qui ne semblent pas avoir de secrets pour lui. — A. G. Hamman, *La vie quotidienne en Afrique du Nord au temps de saint Augustin*, Paris, Hachette, 1979, rééd. 1985. Le P. Hamman qui a ressuscité Migne sait redonner vie aux textes qu'il connaît à fond et à travers eux fait évoluer un Augustin, simple et humain comme il devait l'être avec le petit peuple d'Hippone. La réussite est séduisante !... — Vera Paronetto, *Augustin, le message d'une vie*. Trad. de l'italien par Noël Bugnard, Paris, Le Centurion, 1986 ; ouvrage qui intègre les positions récentes sur la vie d'Augustin ; dommage que soient rejetées en note certaines de ces positions qui auraient pu animer le récit par ailleurs attachant. — Henry Chadwick, *Augustin,* trad. par Alain Spiess, préf. de Jacques Fontaine, Paris, Cerf, 1987. Augustin vu par le plus grand spécialiste anglais de la patristique : très séduisant par la façon dont il élabore la synthèse des grands thèmes et de la vie d'Augustin. Un livre qui était à faire et qui marquera.

Travaux d'approfondissement (Etudes) : Etienne Gilson, *Introduction à l'étude de saint Augustin*, Paris, Vrin, 1943 ; Régis Jolivet, *Saint Augustin et le néo-platonisme chrétien*, Paris, Denoël, 1932 ; Id., *Dieu Soleil des esprits* ; F. Cayre, *La contemplation augustinienne*, Paris, Blot, 1927 ; card. de Lubac, *Augustinisme et théologie moderne*, Paris, Aubier, 1965 (de Baïus à Jansénius et au jansénisme). Etude érudite et profonde.

Le Congrès Augustinien de 1954 a publié trois volumes : *Augustinus Magister*, I et II, *Communications* ; III. *Actes*, Paris, Etudes Augustiniennes, 1954.

Selon H. Chadwick des Congrès s'étant tenu à Rome et à Milan en 1986 et 1987, leur publication est sous presse au moment où nous publions.

TABLE DES MATIÈRES

Imprimé en France
Imprimerie des Presses Universitaires de France
73, avenue Ronsard, 41100 Vendôme
Mai 1989 — N° 34 753